女子力

当代日本女性生活意见实录

［日］萱野稔人 主编　王雯婷 译

黄河出版传媒集团
宁夏人民出版社

读蜜

读 一 页 书 舔 一 口 蜜

目录

Part 2 婚姻作为人生大事

第一次讨论

Part 3 该如何权衡工作与育儿？

第二次讨论

序

“女子力”是什么?

津田塾大学[①]教授、哲学家萱野稔人

“女子力”一词被社会广泛运用已经有些年头了。

虽然这个词没有明确的定义，但人们通常将其理解为：在工作、人际交往等过程中表现出来的具有女性特征的举止、仪容。从“女子”二字也能看出，它其实是通过与男性进行对比，凸显“女性特有的能力”。

但或许正是出于这个原因，这个词遭到不

① 津田塾大学的前身是在 1900 年成立的女子高等教育机构，创始人为日本女子教育先驱津田梅子。1948 年，津田梅子将此学校改制为私立大学。它是日本大学之中最早开设国际关系学的学校。——编者注

少女性的反对。

不难想象，即便得到男性的夸奖：“你‘女子力’真高啊。”也不会有太多女性发自内心感到高兴。或者说，大部分女性会对此表示厌烦。因为在她们看来，这个词是高高在上的男性将特定的女性角色以及行为、外貌强加在女性身上的。

而且，即便一位女性夸奖另一位女性：“你‘女子力’真高啊。”后者大概也不会觉得开心。因为这时的赞美，通常带有“你是将性别当作武器，在迎合男性吧”等挖苦、讽刺的意味。

围绕“女子力”一词，我曾在大学的研讨课上和学生们展开讨论。在讨论过程中，一名学生提出了一个词——“女子力革命”。

◎ 为什么要进行“女子力革命”？

我任教的津田塾大学是一所知名的女子大学，致力于拓展女性的发展空间。自建校以来，它为社会输送了大量优秀的女性人才。或许有读者会想，既然“女子力革命”一词是在这样一所学校的研讨课上提出的，那它一定是一个口号，用来反对“男性强行施加在女性身上的性别特征”。

但事实并没有这么简单。

比如，在讨论的过程中，有学生提出“或许等我们60岁以后，才真的需要‘女子力’”。如今，女性的平均寿命已经超过男性，今后还会继续增加。女性自身该如何度过漫长的人生？这名学生意识到了这个问题，试着重新定义“女子力”一词。

有预测指出，2050年日本女性的平均寿命将超过90岁。因为平均寿命这一数据包含了年幼时死于疾病、事故等人的寿命，所以如果人们都能安享晚年，就可能比平均寿命活得更长。或许在参与本书讨论的学生中，就有人能活过100岁。

2017年9月，厚生劳动省[①]公布的高龄老人

① 厚生劳动省为日本中央省厅之一，是2001年由厚生省与劳动省合并后而成立的。“厚生”一词出自中国的《尚书·大禹谟》，意为使人民生活富足，因此日本的医疗、劳动政策、社会保险、公积金、旧的陆军省和海军省残留的行政都是厚生劳动省所负责的。

调查数据显示，截至目前，日本超过 100 岁的高龄老人有 67824 人。其中，87.9% 为女性（实际数量为 59617 人）。

此外，国立社会保障和人口问题研究所的未来人口预测数据显示，2050 年日本超过 100 岁的高龄老人将高达 532000 人。假设其中女性的占比和目前一样，那么届时超过 100 岁的女性数量将是如今的近 8 倍。

不论你是否愿意，我们都置身于一个或许能活到 100 岁的时代。那时，对于平均寿命超过男性的女性来说，又需要什么样的能力来应对漫长的人生？

这才是“女子力革命”这个词提醒人们关注的重要问题。

除此之外，我们也不能忽视“女子力革命”包含的其他问题。比如对于女性而言，结婚渐渐不再是人生的必选项。

内阁府《平成二十九年少子化社会对策白皮书》指出，截至 2015 年，日本女性的终身未婚率（50 岁未婚者的比例）为 14.1%。简单来说，就是即便现在，每 7 名女性中也有 1 名女性选择独自过完一生。

据预测，截至 2035 年，日本女性的终身未婚率将进一步增加，达到 19.2%。也就是说，每 5 名女性中将有 1 名女性终身不婚。

此外，在如今的已婚人士中，每 3 对夫妻中就有 1 对面临离婚。将两个数据放在一起，假设有 10 名女学生，那么其中 2 人会选择不婚，剩下结婚的 8 人里也有 2—3 人离婚。

如果将这个比例放到人群中，就意味着如今的女学生中有四至五成的人不结婚，或者即便结婚了也会离婚。换言之，只有一半的女学生会走完她们的婚姻生活。

等现在的学生们 40 岁时，对于近半数的女性而言，以结婚为前提的标准化模式就变得没有意义。这时，女性所需要的“女子力”想必也和以往有所不同吧。

为什么“女子力”需要“革命”？其主要原因就在于此。

◎ 半数以上的学生不想长命百岁?

关于这个问题，我曾在津田塾大学教授哲学课时，给学生们发过调查问卷。那也是2014年，和在研讨课上讨论“女子力”是同一年。参与问卷调查的共有395人，回答者自然都是女大学生。

第一个问题是:

> 据预测，2050年日本女性的平均寿命将超过90岁。你想活到90岁吗?原因又是什么?

回答“是”的学生共169人，占总体的42.8%。回答“否”的学生共224人，占总体的56.7%(还有2人选择其他)。也就是说，有超过半数的学生不想活到平均寿命。这一结果是出乎意料还是理所当然，大家或许有各自的理解。

至于为什么会做出这样的选择，在回答“否”的学生中，绝大多数人表示“会给家人添麻烦”。她们不希望家人找护工或者出医疗费以延长自己的寿命，从某种意义上说，这种想法其实严肃且现实。也有不少人认为“可能经济上会比较拮据，过得很辛苦”。这也是一种严肃且现实的观点吧。在和学生们聊天时，我经常听到她们说“反正等我们退休了，也拿不到养老金”。或许在她们看来，在超老龄化问题日益严重的日本，养老金制度将很难维持下去。

可以说，在这些学生中，有一部分人并不觉得自己的老年生活会过得宽松富裕且丰富多彩，或许因为她们还年轻，但这些人大多不想长命百岁。

那么，学生们又想活到多少岁呢？关于这个问题，我也进行了调查。

多数学生希望活到七八十岁，主要原因在于“这时还能保持身体健康、精力充沛”。其实从第一个问题的答案也不难推测出这个结果。换言之，学生们希望在活着的时候保持身体健康、精力充沛，而不愿意去过拮据贫苦的生活。这种想法自然可以理解。

也许对于 20 岁出头的学生来说，“能保持身体健康、精力充沛”的最大年龄是七八十岁。就算现在和她们说“平均寿命将超过 90 岁”，她们也没什么明确的概念。

不过即便如此，她们也知道，今后可能要面对活到 90 岁的未来。那么在这算不上短暂的人生中，想要如己所愿，保持身心健康且不为金钱困扰，又需要什么样的能力？我希望通过“女子力革命”这一概念来思考这个问题的答案。

◎ 必须要工作到多少岁？

我还在问卷中提出了如下问题：

> 如今，人们开始领取养老金的年龄是 65 岁，这个数字今后很可能进一步推迟。假如人们的平均寿命达到 90 岁，那么你认为，女性必须要工作到多少岁？

对于这些学生而言，延迟领取养老金几乎已成事实。现在女性的平均寿命约为 87 岁，平均能领 20 年养老金。倘若未来女性能活到 90 多岁，那么领取养老金的年龄很可能推迟到 70 岁。

那时，女性又必须要工作到多少岁？

回答“70 岁”的学生最多，共 202 人，占总体的 51.1%。她们大概基于现有情况，对将来领取养老金的年龄作出了各自的推算。

不过，也有 80 名学生回答“71 岁以后”，占总体的 20.3%。她们认为以后能领取养老金的年龄会进一步推迟，或者即便能拿到养老金也要一直工作。这样的学生不在少数。

于是我又问了下面一个问题：

> 如今，60—64 岁女性的就业率为 44.2%，65—69 岁女性的就业率为 26.9%，70—74 岁女性的就业率为 16.5%（总务省《劳动力调查》2011）。结合这一现状，你想工作到多少岁？

或许会有读者惊讶，现在就有这么多高龄女性在工作吗？换算一下，如今 70—74 岁的女性中，每 6 人就有 1 人在工作。学生们对此也感到非常惊讶。

不过，她们中的大多数似乎并不愿意工作到如此高龄。我共收回 350 份问卷，其中回答“65 岁”的学生最多，有 93 人，占总体的 26.6%。第二多的是“60 岁”，有 89 人，占总体的 25.4%。接着是“70 岁”，有 69 人，占总体的 19.7%。还有 32 人回答“71 岁以上”，占总体的 9.1%。

此外，针对这一问题，也有 16 名（4.6%）学生回答“30 岁以下”，理由是“想早点辞职，成为家庭主妇”。虽然她们可能会被已经毕业的优秀学姐们责备，但事实上，即便是在致力于拓展女性发展空间的津田塾大学，也依然存在想要成为家庭主妇的学生。

让我觉得很有意思的一点，是两个问题存在结果上的差距。有 71.4%（282 人）的学生在被问及“你认为，女性今后必须要工作到多少岁？”时，回答“70 岁以上”。而只有 28.9% 的学生在被问及“你想工作到几岁？”时，回答“70 岁以上”。这就体现了学生中存在一种倾向：她们知道女性今后不得不工作到 70 岁以后，但如果可能的话，自己却不想工作那么长时间。

对于今后的女性来说，如何解决“一方面认为高龄女性必须工作，与此同时又不想自己一直工作”的问题，我想也应该可以从“女子力革命”上寻找答案。

◎ 没有标准化模式时代里的“女子力革命”

对于即将步入社会的大学生们来说，让她们现在就去设想几十年后的事，提前思考到时该如何权衡工作与生活，确实并非易事。但在平均寿命越来越长、结婚不再是人生必选项、即便年迈依然要继续工作的时代，女性为了生存下去，要具备什么样的能力，为此又该对“女子力”一词做出怎样的全新解读？萱野研讨课上的学生们进行了多方面考察，通过本书回答了这个问题。

本书的作者均是津田塾大学“Media Studies Course”2014年三年级研讨课（萱野研讨课）的学生。虽然研讨课距离现在已经过去多年，但文章初稿都是当年写的。

既然是学生们的文章，自然都是在摸索中

完成的。这并不是由于她们还不成熟、缺乏社会经验，而是因为她们探讨的本来就是关于未来时代的生活方式，不能再套用过去的标准。

当现有标准不再适用于新的时代，人们只能不断探索，进行革命。革命的终点在哪里？或者说是否真的存在终点？谁都不知道。——而这才是真正的革命。“女子力革命”和迄今为止的革命一样，只能在摸索中进行。

本书分为三个主题：身体、结婚、工作。三者无一不是重新定义“女子力”时必须要考虑的问题。

学生们的论述或许粗浅，但她们的观点却有一种力量，可以触动读者内心，引发读者思考新的“革命”。我也由衷希望这种力量能感染更多人。

凡　例

文中的数据、介绍如今或已更新。文中引用的文献、资料均在相关位置或章末的“引用与参考文献”处注明。本文原则上省略敬称。

Part 1

女性活到100岁的资本是身体

更年期后，

女性的身体状况和生物角色都发生了变化。

她们该如何走完这将近

40 年的“第二人生”？

又该如何面对今后的自己？

放眼将近 90 年的人生，
女性更年期既是中点，
也是下一个人生阶段的起点。

1

早育还是晚育，建议早育

——优缺点的比较

渡边惠里佳

伴随“一亿总活跃社会”[1]这一口号的出现，女性的社会参与度不断提升。女性在考虑职业规划的同时，社会也面临着未婚率攀升、晚婚等问题。人们在制订结婚、生子、育儿等一系列人生规划时，很难再借鉴传统的家庭模式。在这样的时代，女性又该何时生儿育女？本章将针对早育的优缺点进行分析、考查。

①一亿总活跃社会，即重视日本的少子化、老龄化问题，力争50年后依然维持日本社会有一亿人口。安倍内阁曾提出“一亿总活跃计划”，设定了经济、育儿、社会保障三方面的目标。——译者注（以下注解如未标明编者注，均为译者注）

1. 结婚已不再是必选项的时代

◎ 急速上升的未婚率

如今，女性的社会参与度不断提升，越来越多的女性走入职场。和母亲那代人不同，她们读书是在20世纪80年代，她们眼中对于未来的规划也不同于现在的女大学生们。过去人们总说“想25岁左右结婚，然后辞职，30岁以前生孩子”，但现在，很多人觉得这并不现实。想想自己也是如此，如今我在大学读书，对很多事都很感兴趣，心中自然想尽可能多工作。周围的朋友们也大多如此，问她们人生规划，大多会说：“全身心投入工作，30岁前结婚，35岁前生孩子就好吧……”

然而，“30岁前结婚，35岁前生孩子”这一人生规划是否真的可行？“婚活”[①]“区域联谊”[②]

---

① 婚活，以求职的态度和决心参加交友、相亲等活动，积极寻找结婚对象的行为。

② 区域联谊，即在一定范围内举办大型联谊活动。参加者支付活动费用或购买门票，便可在多家参与活动的店铺自由吃喝、交友散步。

等活动之所以流行，也是因为不少人难以实现上述愿望吧。总有一天要结婚，到时候也想生个孩子。在这个看似理所当然的人生规划里，人们甚至不知道这个总有一天要结婚的愿望是否能真的实现。我们先来看一看相关数据。

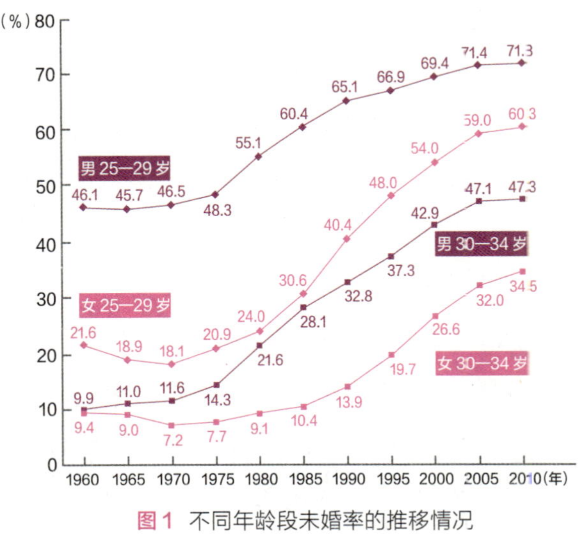

图 1　不同年龄段未婚率的推移情况

图 1 展示的是不同年龄段的未婚率。可以看出，不论哪个性别，近年来数值都在不断攀升。即便是 25—29 岁之间的女性，也有超过六成选择不结婚。仅通过这些数字我们就不难看出，想

要实现“30 岁前结婚，35 岁前生孩子”的愿望其实并不简单。

今后女性的平均寿命将要超过 90 岁，人生规划也势必更加长远。不过考虑到对身体的负担等因素，最适合怀孕、生育的时间却是相对固定的。那么，对于努力拼搏、追逐梦想的女性而言，如果考虑结婚、生育，又该如何确定最佳时间呢？（本章虽然讨论的是先婚后孕的模式，但并非否定未婚先孕及其他情况。）

◎ 并非不想结婚

从图 1 我们可以看出，未婚率逐年上升的同时，晚婚也日益成为人们关注的话题，不过这并不意味着人们结婚的意愿非常低。2010 年国立社会保障和人口问题研究所进行的“第 14 次出生动向基本调查（关于婚育的全国调查）”结果显示，在 18—34 岁的单身未婚人群中，有近九成的人想要结婚（男性 86.3%，女性 89.4%）。相比 1987 年进行的第 9 次调查，即便过去近 30 年，想要结婚的男、女比例也只是分别减少了 5.5%

和 3.5%。而对比图 1 不难发现，1985 年至 2010 年的 25 年间，30—34 岁男性的未婚率增加了 19.2%，女性则增加了 24.1%。可以说，未婚率的上升非常明显。

或许受到这一现状影响，越来越多的单身人士与其说是在“寻找理想的结婚对象”，不如说是更在意结婚本身。有这样一组数据：1997 年，认为“在找到理想的结婚对象之前，即便不结婚也无所谓”的女性有 56.1%，男性有 50.1%。这个数字逐年递减，到了 2010 年，认为“到了一定年龄就打算结婚”的女性增加到 58.4%，男性为 56.9% [第 14 次出生动向基本调查（关于婚育的全国调查）] 。此外，有学者对东京的女大学生进行了调查，其中六至八成学生表示“休完产假之后想继续工作”。（齐藤英和，白河桃子 . 生育与工作的教科书 . 2014.）

我们首先要明确一点：有结婚意愿的人依然不在少数。但事实上，想结婚却不能结婚的人增加了。

◎ 希望结婚对象具备的条件

涉及结婚的另一大难题则是理想的结婚对象。山田昌弘[①]曾提出“婚活”一词，并在与白河桃子共同撰写的《“婚活”时代》一书中谈到了“婚活”。“人们都希望拥有‘接近理想的婚姻’……然而直至近年人们才开始讨论这个问题：因为没有理想的结婚对象，所以无法结婚。”（山田昌弘 .“婚活”现象的社会学 . 2010.）不过我们同样需要认识到，“理想对象”的条件与能否真正遇到满足这种条件的人，两者之间也存在差距。

那么和过去相比，在未婚率急速上升的今天，人们对于“理想结婚对象”的要求是否发生了变化？从结论上看，虽然时代不同、经济状况也有所不同，但人们希望结婚对象具备的条件却和过去差不多。

2010 年的出生动向基本调查还发布了如下

---

① 山田昌弘，日本社会学家，创造了“婚活（结婚活动）”一词，代表作品有《“婚活”时代》《少子社会：为什么日本人不愿意生孩子？》等。

一组数据：无论男女，在选择结婚对象时，首先考虑、重视的都是“人品”，其次是“做家务、育儿的能力”“对工作的理解”等。值得我们关注的是，男女会在哪方面存在差异？女性在寻找理想的结婚对象时，看重对方的“经济能力”“职业”“学历”。而男性看重的几乎和女性一样（真要说的话，只是在“外貌”方面略有差异）。这一倾向从 1992 年到 2010 年基本没有发生过变化。

和过去不同，如今的女性即便结了婚，也依然可以活跃在职场，这种现象已经非常普遍了。但在日本，婚后由男性承担经济压力的观念依然根深蒂固。此外，在女性看来，即便结婚不影响工作，她们也更倾向于选择收入比自己高的男性。不过事实上，现在很多未婚年轻人都是非正式雇佣员工[①]，男女双方的收入均有所下降。这就势必导致不符合女性预期的年轻男性越来越多。此外，上述调查还表明，不同职业的男

① 非正式雇佣，包括契约员工、派遣员工、零工、小时工等。通常存在合同期限，升迁、加薪的机会较正式员工少。

性对结婚的意愿也存在差异。“考虑一年内结婚的未婚者比例情况”显示，五成以上从事个体经营、家族产业及正式雇佣的男性希望结婚，而做零工、小时工及无业、待业的男性结婚意愿则较低。与之相对，女性在这方面并未表现出明显不同。婚后由男性承担经济压力的观念或许也体现在男性的结婚意愿上。

简而言之，“女性想要寻找高收入的男性，但收入稳定的年轻男性不断减少，是导致未婚率上升的原因。”（山田昌弘 .“婚活”现象的社会学 . 2010.）

2. 适合怀孕、生育的时期

◎ 是否全面了解怀孕

前文我们一直在讨论未婚率上升以及越来越普遍的晚婚问题。如果只是晚婚，或许还没什么时间限制，然而一旦考虑到怀孕、生育，就必须有紧迫感了。当然，随着医疗技术的发展，晚育或许不再是难题，加上治疗不孕不育的手段不断提升，结婚、怀孕的时间也可能继续推迟。

但大家是否知道，在日本，人们对于怀孕和不孕不育的了解其实很有限。英国卡迪夫大学的研究团队于 2009—2010 年对 18 个发达国家中有怀孕意愿的 20—45 岁人群（包括男女）进行了调查（1 万人参与）。在回答不孕不育、怀孕能力等问题时，日本人的正确率在 18 个国家中排第 16 位。

事实上，我回忆自己高中之前的经历，虽然在保健课上学过相关知识，但记忆也很模糊了。不过因为我如今就读的是女子大学，会特别开设一些课程供我们学习，思考女性的职业规划、人生规划，所以才有机会了解到这些知识。也正是因为我在学习过程中，知道了晚育、治疗不孕不育的不易，才对现在探讨的话题产生了兴趣。

那么，我们先来看看人们普遍认为的最佳生育期吧。通常来说，考虑到女性身体等因素，最适合生育的年龄是 20—35 岁。研究不孕不育治疗技术的齐藤英和在与白河桃子共同编写的《生育与工作的教科书》中表示：“‘30 岁前生第一个孩子'是相对合适的目标。"2010 年的出生动向调查显示，日本夫妻希望拥有孩子的数量约为 2.4 人，也就是说，30 岁前生第一个孩子，之后生第二个、第三个孩子是比较理想的。不过，

早婚早育的优缺点	
优点	**缺点**
有更多体力可以带孩子	工作年限短，经济基础不牢固
提前结束育儿，慢慢享受（45 岁左右）之后的人生	步入社会没多久职业规划就中断了
距离退休还有一段时间，可以为老年生活做好资金上的准备	因为缺乏社会经验，一旦辞职很难再成为正式员工
双方父母还年轻，方便帮忙带孩子	只有四分之一的女性可以重新与公司签订正式员工合同
年轻时如果能请到育儿假[①]，更容易找到接替自己工作的人	
育儿假结束后，可以有更长的时间专心规划自己的职业	

① 日本有产假和育儿假，女性在产后 8 周至孩子满 1 岁前，可以休育儿假。

也有研究指出，不孕不育的治疗时间越早效果越好。因为一方面，运用这项技术并非百分百成功；另一方面，女性 40 岁后，怀孕过程中出现自然流产、染色体异常等情况的风险急剧增加。出于这一考虑，还是尽早生育比较好。不过，不论有怎样的人生规划，女性都应该尽早了解怀孕、不孕不育的相关知识，等有需要时再着手学习就来不及了。

所以对女性来说，尽早掌握相关知识，知道治疗不孕不育存在失败的风险，作好人生规划，是非常有必要的。

晚婚晚育的优缺点	
优点	**缺点**
经济基础牢固	容易出现事业、生育二选一的情况
因为单身时间长，可以享受更多自由	育儿时体力开始有所下降
可以一定程度发展事业	如果出现不孕的情况，可能来不及采取对策
有较丰富的社会经验，容易回归职场	教育费用增加，难以为退休之后做好资金储备

◎ 早育与晚育的优缺点

我们已经知道，从对身体有益的角度出发，女性应该尽早生育。不过当然，制订人生规划不能只考虑身体情况。所以在这一小节中，我们将综合对比早婚早育和晚婚晚育的优缺点。

什么是优点，什么是缺点，或许每个人的感受不同。不过，是充分认识到早婚早育、晚婚晚育的优缺点之后再规划人生，还是等回过神时只剩下晚婚晚育这一个选项，即便最终的选择相同，每个人的实际感受也是不一样的吧。和大多数人大学毕业前就要确定好工作不同，每个人结婚、怀孕的时间也不同，更不能草率地作出决定。所以在我看来，设定适合自己的目标与标准非常重要。

3. 充分考虑怀孕、生育的人生规划

◎ 不留遗憾的未来规划

和母亲那一代人相比，如今婚后放弃工作的女性越来越少。日本总务省统计局的《劳动

力调查》数据显示，在“存在夫妻关系的家庭”中，2000 年“丈夫有工作，妻子无工作”的比例为 31.7%，这一数字逐年递减，到了 2014 年只剩 25.1%。与此同时，“夫妻均有工作”的比例从 2000 年的 33.2% 上升到 2015 年的 37.7%。另一方面，怀孕后离职的女性也不在少数。然而，想要日本经济继续发展，社会就需要女性长期工作，而且在终身雇佣制度逐渐发生变化的今天，倘若夫妻双方都有收入，家庭经济也会更加稳定。

不论性别，谁都可以在职场上有所作为的社会确实令人向往，因为每个人都能选择自己的人生。但是不论时代如何变化（起码凭借现在的科学技术），能够怀孕、生育的只有女性。

说实话，在我的求职过程中，有很多人给过我建议，其中最令我惊讶的是：作为女性，你要考虑自己的未来，不伤害别人，也不需要忍受伤害。不是为了工作而放弃结婚、生育，也不是为了育儿而远离职场，更不是为了贪求对方的高收入而放弃与喜欢的人结婚。这句话其实在说，女性不论结婚、工作还是育儿，想要的都可以自己去争取。想要做到这一点，两方面的因素很重要：一是女性能够找到一份可以兼顾事业与家庭的工作；二是社会可以为女性提供施展才华的空间与制度。

不过，如果因为过度担心未来而束缚自己，就得不偿失了。一位毕业于津田塾大学，如今在某国立大学就业中心工作的学姐告诉我，很多学生会因为一些还没出现的问题找她倾诉烦恼。比如，有人考虑到以后结婚生子，开始纠结是选择综合岗还是普通岗[①]，前者虽然理想但需要转岗，后者相对轻松。那位学姐对她说，如果你已经确定要结婚了，你的丈夫告诉你综合岗不太合适，那你考虑这些还有意义，可现在你连具体的结婚对象都没定下来，却要放弃理想的工作，这是不对的。

有些公司虽然听上去要求高，但实际各方面制度相对完善，员工也有明确的私人时间。但

① 综合岗，综合性较强，有更多调动工作、升职加薪的机会。普通岗，工作内容相对专一，通常不涉及外派、迁居等情况。

也有一些公司，即便员工再怎么积极上进，也几乎没有私人时间。我们在评判一家公司时，不能只看它的知名度、员工收入水平，或者听别人说，更应该看它能否提供丰富的工作形式。通过求职活动，最终确定一份满意的工作，才是送给未来自己的最好礼物吧。

◎ 支持早期怀孕、生育的企业

这里再举一个例子，一些企业会为怀孕、生育的女性提供帮助，大家也可以提前了解相关制度。比如日本经济产业省和东京证券交易所联合选出的“Nadeshiko Brand”企业[①]（在促进女性职业发展方面表现出色的企业），厚生劳动大臣认定的“育儿支援企业”[②]。如今，越来越多的

---

① 2012年起，日本经济产业省和东京证券交易所联合选出在“促进女性职业发展”方面表现出色的企业作为“Nadeshiko Brand”企业。“Nadeshiko”源自对日本女子足球队的爱称“大和抚子”。“大和抚子”一词用于赞美日本女性素雅、端庄。

② 基于日本《次时代育成支援对策推进法》，企业在满足一定条件后，可以成为厚生劳动大臣认定的“育儿支援企业”。这里的“育儿支援”日文为“くるみん”，源自包裹婴儿的襁褓“おくるみ”。获得认证的企业可以得到“くるみんマーク（襁褓标志）”。

企业愿意为员工们提供更加舒适的职场环境。

此外，也有公司从 2015 年起，在录用女性员工时导入新制度，这就是尤妮佳（Unicharm）。或许不少人知道这个品牌，这家大型日用品企业主要销售女性护理用品、婴幼儿护理用品等。所谓新的制度，指的是新手妈妈招募（Fresh-Mom Recruitment）。如果你是一名想要在事业上有所发展，但同时也有怀孕、生育计划的女性，那么你只需在毕业时通过招聘考试，公司就会为你保留内定权利[①]一直到 30 岁。也就是说，你可以在学生时代参加求职活动，作好成为社会人的准备，但也不耽误生育。该公司认为："如果职场女性不必为分娩、育儿等限制烦恼，将有望在短时间取得更好的成绩。"（尤妮佳官方网站）

在如今这个时代，企业通过各种手段为有怀孕、生育计划的女性提供帮助显得愈发重要。作为女性，我们也有必要提前了解相关制度。

---

① 与企业签订就业、雇佣意向。

◎ 婚育

如果你原本就有结婚的计划，那么读到这里，或许会给你的人生规划带去一点新的启发。然而，也有一些人可能从一开始就没有结婚计划，甚至根本不打算谈恋爱。某综艺节目曾将“不想谈恋爱也不需要恋人”的男性称为“绝食系男子”[①]。诸如此类根本不向往恋爱的年轻人也在增加。

在此，想和大家分享的是，一些学校已经将“结婚”这一话题融入教学。明治大学就开设了与婚育有关的课程。所谓婚育，指的是“结婚能力的培养”，“参与结婚活动（婚活）的前提是具备结婚能力，该项目培养的就是这种能力”。（诸富祥彦．在明治大学开设的“婚育”课．2011.）这门课并非只着眼于结婚。如果一个人想要拥有幸福的人生，就必须兼顾“职业生涯”的两大构成要素——工作和私生活。此前的大学教育一向不

① 在日本，人们把对工作、恋爱与人生都显得被动的，甚至连性爱都觉得麻烦的男性叫作“草食男”。如今，在“草食男”的基础上，日本又出现了“绝食男”。——编者注

重视私生活，这门课就弥补了这一点。在我看来，每个人在步入社会前，给自己一些时间去描绘职业之外的人生是非常重要的。在这个过程中，我们也要广泛听取他人的意见。希望今后越来越多的大学可以开设相关课程，让更多的学生有恋爱、结婚的打算。

◎ 尾声

正如标题所写，本章分析了早婚早育的优点，同时也介绍了现实生活中结婚的不易。我此前曾积极考虑过“学生时代结婚、生育”这一选项。因为从身体情况的角度出发，越年轻肯定体力越好，步入社会后每天都很忙，也很难找到合适的对象步入婚姻殿堂。不过事实上，学生时代大多数人还需要依靠父母，况且这个时期学习才是第一要务，所以我最终没有推荐这种形式。这里的“建议早育”指的是对于大多数人来说更具现实意义的 30 岁以前结婚、生育。

说实话，在我看来，不论是结婚还是怀孕，本人的意愿是最重要的。恋爱也好、结婚也好，都是两个人的事，只靠一个人是不可能完成的。不过，不论你是否有结婚、生育的打算，读到这里，或许都有新的收获与体会。女性与其将来懊恼缺乏相关知识，不如在全面了解之后再做决定。女性即便最终选择不结婚、不生育，届时也不会后悔。女性不要被“因为是女性”束缚，放手去做自己喜欢的、想做的事。我衷心希望这样的女性越来越多。

◎ 引用、参考文献

① 国立社会保障和人口问题研究所 . 第 14 次出生动向基本调查（关于婚育的全国调查）单身调查结果概要 .

② 总务省统计局《人口调查报告》《劳动力调查》（基本统计）. 2015.

③ 齐藤英和，白河桃子 . 生育与工作的教科书 . 讲谈社，2014.

④ 白河桃子，常见阳平 . 女子与就业活动：20 岁开始的“就职、怀孕、结婚”讲座 . 中公新书，2012.

⑤ 诸富祥彦 . 在明治大学教授的“婚育”课 . 青春新书，2011.

⑥ 山田昌弘 .“婚活”现象的社会学 . 东阳经济新闻报，2010.

⑦ 经济产业省官方网站：关注促进女性职业发展的“Nadeshiko Brand”企业 .

⑧ 厚生劳动省官方网站：职场上的育儿支援《关于襁褓标志、白金襁褓标志》.

⑨ 尤妮佳株式会社官方网站：企业信息“New release”.

2

最迟多少岁生育？
——高龄产妇的现状与未来

真木理衣

医疗技术的发展、不孕不育治疗手段的进步，为超出平均生育年龄却依然有生育意愿的女性提供了更多新的思路与选择，然而这无法改变一个事实——高龄生育会伴随各种各样的风险。本章首先整理了高龄产妇可能面临的问题、不孕治疗技术、产前检查的种类、政府的支持，然后尝试制订新的人生规划，探讨生育与年龄的关系。

1. 高龄产妇的现状

◎ 高龄产妇的定义是什么？

日本产科妇人科学会将35岁以后生育第一

个孩子的女性定义为高龄产妇。本章基于这个定义，将讨论范围稍微扩大，即年龄超过35岁且有过生育行为的女性。

近年来，日本媒体经常报道明星三四十岁怀孕、生育的新闻，比如东尾理子[①]（36岁生第一子、40岁生第二子、42岁生第三子）、捷豹横田[②]（45岁生第一子）、坂上美纪[③]（53岁生第一子）。这或许会让不少观众认为，女性即便上了年纪也能生孩子。

事实上，日本女性生育第一个孩子的年龄的确在不断推迟。据厚生劳动省统计，在1975年，日本女性生育第一个孩子的平均年龄是25.7岁，2015年为30.7岁，40年间增加了5岁。此外，在1995年，40岁以上（40—44岁）生育的女性有12472人，到了2014年增加到49606人，20年间几乎翻了四倍。

---

① 职业高尔夫球手、艺人。

② 本名木下利美，日本职业摔角手、艺人。

③ 电台主持人、艺人。

◎ 高龄产妇增加的原因

为什么会出现如此多的高龄产妇？通常来说，有两个原因。

第一是晚婚。2015 年日本男性平均初婚年龄为 31.1 岁，女性为 29.4 岁，都刷新了以往的最高纪录。人们结婚的时间越来越晚，生育年龄自然也随之推迟。

第二是女性步入社会并有了自己的职业规划。近年来，女性考入大学，毕业后就业，这种现象已经非常普遍。就拿女医师来说，一名女性在取得医师执照后，首先要进行研修，然后才能成为一名独当一面的医师，粗略算下来，大概需要 5 年的时间。这时她基本已经 30 岁了，早已过了适合生育的 20 多岁。虽然此处举的是医师的例子，但其实不论什么职业，只要女性想在职场上有所作为，提高自己的能力，事业上升期就会与生物学上适合怀孕、生育的时期重叠。所以对于职场女性来说，什么时候生孩子成了一个难题。可能不少女性都是如此：还没顾得上结婚、生育，一转眼就 30 岁了。她们成了所谓的“高龄产妇”。

◎ 女性生育存在限制

正如人不可能长生不老一样，适合女性生育的年龄也存在限制。通常来说，从女性身体的情况考虑，38 岁后卵巢功能开始急剧衰退。当然，为了解除生育限制，人们不断探索新的方法，比如：改进治疗不孕的手段、监测排卵期、人工授精、体外受精、显微授精、接受捐赠的卵子、代孕……不过也有数据指出，女性 45 岁以后流产的概率大大增加。治疗不孕的妇产科医生也认为，超过 45 岁生育的风险很大。

虽然存在个体差异，但姑且可以将 45 岁看作女性生育的年龄限制。

2. 高龄产妇的风险

◎ 身体面临的风险

那么接下来，我们具体看一看高龄产妇可能面临的风险。前文已经介绍过，风险之一是成功怀孕的概率降低。即便借助医疗手段，35 岁以后体外受精的成功率也会直线下降。

此外也有证据显示，随着年龄的增加，女性出现妊娠并发症的可能性也会提高。最具代表性的是妊娠高血压和妊娠糖尿病。妊娠高血压过去又被称作妊娠中毒症，常见的症状有水肿和蛋白尿，但有时也会引起胎盘早剥大出血，甚至诱发危及母体和胎儿生命的症状，导致胎儿早产或者胎死宫内。妊娠糖尿病的症状或许只会存在一段时间，但妊娠中晚期血糖持续较高，也可能引发妊娠高血压。有的患者产后糖代谢异常依旧不能恢复，最终发展成真正的糖尿病。此外，高龄生育导致新生儿出现先天性疾病的概率也比较高。

◎ 不孕治疗的费用及对精神的伤害

可以想象，即便高龄产妇最终可以平安分娩，其过程也相当痛苦。40 岁以后的孕妇大多需要借助医疗手段怀孕。因为所处环境、自身条件、开始介入的时期等存在差异，有些女性只需一次治疗就能成功受孕，但也存在多次治疗依然失败的情况。

如果需要接受多次治疗，费用大概是多少呢？不孕症的治疗方法有很多，最常见的是人工授精和体外受精。人工授精指的是将精子递送到子宫中的治疗方法。操作起来相对简单，平均费用在1万—2万日元，对母体伤害较小。体外受精则需要借助人工手段，完成精子与卵子的结合，费用也较前者高得多。不同医疗机构的价格或许存在差异，但平均来说，单次费用在30万日元左右。而且，体外受精需要先将卵子取出，经过处理或培养成胚胎后，再植入子宫，对母体的伤害也较前者大得多。此外，胚胎成功移植后，孕妇还要补充激素并接受后续治疗。不过从成功率的角度来说，人工授精的成功率为3%—5%，体外受精的成功率为20%—30%。

生岛清身女士是一名行政秘书，她从41岁开始接受不孕症治疗，并将亲身体会写在了博客里。从下面她的描述也能够看出，整个过程非常痛苦。

我36岁结婚，婚后很快怀孕，之后却流产了。我后来又怀孕过一次，不过是宫外孕。我从41岁开始接受不孕症的治疗，一直到45岁，其间共进行了5次体外受精。体外受精必须先将卵子取出来，但过程并不顺利：有时取卵失败，有时虽然成功取出了卵子，但卵子本身存在问题。这样的情况不只发生过一次。等这一步终于成功了，可以进行体外受精了，又不知道胚胎能否顺利着床。即便着床的过程也很顺利，却还是不能成功怀孕，就只能采取和流产相同的处理方式，将子宫内的胚胎组织取出来，让身体休息一段时间再继续尝试。我的5次体外受精中，有3次胚胎顺利着床，但最终还是失败了。我在46岁时尝试最后一次取卵。我后来重读当时的笔记，上面写着“第8次取卵”“取卵手术失败”。因为我在做超声波检查时发现还有发育成熟的卵泡，所以想尝试取出来，但还是没能成功。我当时就在想，也许现在这个年龄就真的不行了吧。整个治疗过程，每次失败我都会很失落，工作也总是请假。后来辞职专心接受治疗，却始终没有好消息，积蓄也在一个劲减少。我常常在想“自己的存在价值又是什么呢”。我一共花了大概130万日元。最后和丈夫商量，接受没有孩子的人生……（周刊现代编辑部．真正可怕的高龄分娩·第二章“不孕大国日本亲历者的体会 不孕治疗的严苛”．讲谈社，2013．）

大概在我开始接受治疗的第3年，在一次不孕治疗医疗从业者的研修会上，我作为治疗体验者进行发言。

在自由提问环节，有人问我：“通过治疗你得到了什么，又失去了什么？”我条件反射地回答：“什么都没得到。”当然，连我自己都吓了一跳。我平时说话比较谨慎，但那一次真的是脱口而出。只能说，不孕治疗就是这么痛苦吧。（41岁开始的不孕治疗．2009-12-30）

每年全国要进行24万次以上的不孕治疗，

有的高龄产妇可以成功孕育自己的孩子，但也有人不断尝试、不断失败。

3. 医疗技术的发展

◎ 不孕治疗大国日本

高龄生育是有风险的。但就日本目前的情况来看，产妇的平均年龄却在逐年增加。这是因为女性想早点生孩子却不能生的情况非常普遍。此外，随着不孕治疗技术的提升，人们也更容易忽视 40 岁以后生育的风险。据日本产科妇人科学会统计，在如今有孩子的家庭中，每 6 对夫妻中就有 1 对进行过不孕治疗或者接受过不孕检查。那么，不孕治疗究竟包括哪些？

（1）监测排卵期

即监测确切的排卵期，在排卵期增加同房的次数，以达到自然怀孕的目的。如果夫妻双方不存在其他明显异常，也比较年轻，通常会采用这种方式。除了等待女性自然排卵，也可以使用一些药物促进排卵。据说现在通过超声波检查和激素检查，不仅可以监测排卵期，甚至可以预测排卵时间。

（2）人工授精

即配合排卵日，将取出的精子递送到女性子宫中，以达到怀孕的目的。使用促进排卵的药物，确定排卵时间，再用注射器将精子递送到子宫中。

（3）体外受精

即将精子和卵子同时取出，在培养皿中完成受精，再将受精卵移植到女性的子宫中。

（4）显微授精

即将精子和卵子同时取出，在显微镜下将单颗有活性的精子注入卵子的细胞质中，使其受精，再将发育后的受精卵移植到女性的子宫中。该技术适用于男性精子较少的情况。

（5）接受捐赠的卵子

该技术适用于子宫本身无异常，但因为一些原因不能形成卵子的女性，以及一些不易怀孕的高龄女性。将精子通过体外受精的方式，与其他健康女性的卵子相结合，再将受精卵移植到女性的子宫中。

（6）代孕

该技术适用于本身没有子宫，或者失去子宫的女性。让有生育能力的女性为自己妊娠、分娩。通常来说，需要使用丈夫的精子，通过体外受精的方式，将受精卵移植到代理母亲的子宫中。

◎ 生，还是不生？

女性怀孕后，需要进行产前检查，以了解胎儿的状态及所处环境。检查结果也可以帮助孕妇判断是否要生下这个孩子（如存在较高风险或异常，就需要终止妊娠）。那么产前检查又包括哪些项目？

（1）超声波检查（B 超检查）

即利用超声波仪器，推测胎儿的体重，确定胎盘位置、测量羊水、检查心脏功能等。可以发现胎儿较明显的畸形，费用通常是 3000 日元左右。有的机构可以提供包含立体图像的三维彩超，也有包含动态图像的四维彩超。

（2）孕妇血清学筛查（唐氏筛查）

即从孕妇身上采取少量的血液，检测母体血清中特定物质的浓度，判断胎儿患先天性疾病的危险系数。费用通常是 2 万—3 万日元。有检测三种物质的三联筛查和检测四种物质的四联筛查。

（3）羊水穿刺

即从孕妇的子宫中抽取部分羊水，通过检测羊水中的物质及羊水中胎儿的细胞，诊断胎儿是否患有染色体或基因疾病。这是一项用于最终判断胎儿是否患有疾病的“确定检查”[①]。费用通常是 10 万—20 万日元。

（4）新型产前检查（NIPT）

即从孕妇身上采取血液，对血浆中的游离 DNA 片段（包含胎儿游离 DNA）进行测序，判断胎儿是否畸形或患有唐氏综合征等染色体异常导致的先天性疾病。这项检查精度高，而且很快能出结果。费用通常是 20 万日元左右。

正如前文介绍的，高龄产妇需要面临种种

① 日本产前检查一般可以分为：确定检查和非确定检查。前者可以确定胎儿是否患有某些疾病，如绒毛穿刺和羊水穿刺；后者通常用于检测胎儿患病的可能性，如血液检测、超声波检测等。

风险，胎儿存在先天性异常的可能性也比较高。如果产前检查的结果出现阳性，也就是说，胎儿确实存在畸形或其他异常，那么孕妇就要面对一个严峻的选择：生，还是不生？我们再来看几个具体的例子。这几位母亲都是在产前检查中被告知胎儿存在异常。

D女士在37岁时怀了第二个孩子，因为她属于高龄产妇，所以怀孕18周时就接受了产前检查。结果显示，她的孩子患有唐氏综合征。她当时的想法大致如下："因为我老家比较远，没人帮忙照看孩子。如果我生下一个患有唐氏综合征的孩子，就必须辞掉工作，我无法把他养大。"D女士最终还是在怀孕19周时选择终止妊娠的手术。手术结束后，她又觉得："自己好像犯了天大的错误，很长一段时间，我都会失眠。如果同事们知道我做了这个手术，大概会说我缺乏人性吧……"即便她后来以为自己已经走出来了，但临近预产期时，"心里还是会觉得非常抱歉"。（周刊现代编辑部 . 真正可怕的高龄分娩 · 第三章"涌向新型产前检查的孕妇——亲历者的体会”. 讲谈社，2013.）

35 岁的 E 女士在怀第一个孩子时做了产前检查，结果显示胎儿的心脏、肾脏等器官存在严重畸形。医生表示胎儿可能存在难以治愈的疾病，约九成患者会在 1 岁前死亡，而且孕妇本人也存在 50% 以上流产的概率。但 E 女士和丈夫始终没有下定决心，他们犹豫着犹豫着，最终错过了可以做手术的时间。不过怀孕 7 个月时，胎儿早产，出生后没多久去世了。E 女士表示：“错过手术时间后，我一直告诉自己‘要把这个孩子平平安安生下来’，但最后还是这个结果，给我的打击很大。”日本唐氏综合征协会于 2012 年 11 月向媒体表示：“新型产前检查的过程并不复杂，只需从孕妇身上采取部分血液即可。我们认为这项技术今后会迅速普及开来，然而这也可能导致人工终止妊娠情况的发生……我们认为应该谨慎看待这项技术，它的导入或许是迈向实质性大规模筛查（大规模挑选孩子的生命）的第一步。”该协会之所以会存在如上担心，是因为新型产前检查的准确性比较高，如果人们提前知道胎儿可能存在先天性异常，或许会选择终止妊娠。

“生，还是不生？”这个问题没有正确答案。因为取决于当事人自己的价值观。只不过对于高龄产妇来说，这个问题可能更现实。

◎ 政府在“少子化政策”[①]方面的支持

不孕治疗的费用平均为 100 万日元，对于家庭来说是一笔不小的支出，只是接受治疗就要花很多钱。不过，政府如今也会提供一些帮助，如设立治疗补助金。厚生劳动省的“特定不孕症治疗补助”制度，可以为不孕不育的夫妻提供补助金。接受体外受精治疗的家庭可申请 15 万日元的补助金，首年最多申请 3 次，次年起最多申请 2 次。补助期最长为 5 年，即最多可申请 10 次合计 150 万日元的补助金。领取补助金的收入限制为 730 万日元（夫妻合计）。此外，2015 年 2 月，千叶县浦安市和顺天堂大学浦安医院表示，

① 少子化政策，是日本政府为了刺激生育，出台的一系列经济补贴措施。——编者注

今后将接受冷冻卵子，帮助未来有怀孕、生育打算的夫妻。政府也会为这项尝试提供一定补贴，用于冷冻保存、支付技术人员的劳务费等。浦安市的居民大约需要承担 30% 的费用。像这样，有了政府的帮助，今后接受不孕症治疗的人或许会继续增加。

4. 新的人生规划与更多选择（个人的设想）

如今，与生育有关的医疗技术不断进步，从技术层面大大提高了高龄产妇想要孩子的可能性。因此，基于近年辅助生殖技术的发展，我们不妨做出新的人生规划。

我设想了三种模式，并列出了不同时间段的安排，归纳成表 1。

可以预见，今后女性的生活方式会越发多样化。模式 1 可以让女性兼顾结婚、生育、工作三个方面，在事业上取得一定成就前专心工作，等有了一定经济基础，能分出精力时再考虑生育。因为婚后不急着要孩子，所以可以有更多时间享受二人世界。而且由于冷冻了卵子，所以什么时候要孩子都是可能的。如果担心生育风险，也可以找代孕母亲帮自己孕育孩子。

表 1 利用近年辅助生殖技术的女性生活模式

<table>
<tr><th></th><th>模式 1</th><th>模式 2</th><th>模式 3</th></tr>
<tr><td>10-19 岁</td><td>月经开始</td><td>月经开始</td><td>月经开始</td></tr>
<tr><td>20-29 岁</td><td>大量冻结卵子</td><td>冻结卵子</td><td rowspan="4">冻结卵子、定期捐卵</td></tr>
<tr><td>30-39 岁</td><td>专注事业、结婚</td><td rowspan="2">专注事业</td></tr>
<tr><td>40-49 岁</td><td>将卵子移植回子宫，分娩</td></tr>
<tr><td>50-59 岁</td><td>育儿</td><td rowspan="2">在喜欢的时间进行体外受精，分娩</td><td rowspan="6">专注于工作、兴趣</td></tr>
<tr><td>60-69 岁</td><td>生第二个孩子</td></tr>
<tr><td>70-79 岁</td><td>育儿</td><td rowspan="4">独自育儿、过完一生</td></tr>
<tr><td>80-89 岁</td><td>生第三个孩子</td></tr>
<tr><td>90-99 岁</td><td>育儿</td></tr>
</table>

模式 2 是利用精子库，让女性可以独自生育、抚养孩子，过完一生。不想结婚却想要孩子的女性可以选择这种方式。

模式 3 是女性不孕育自己的孩子，却捐出卵子，给其他想要孩子却苦于不孕症的女性。从某种意义上说，自己的基因也通过这种方式得到了延续。像这样，女性可以合理利用医疗技术，制订全新的人生规划。我相信随着社会的发展，人们可以优先考虑自己真正想做的事。

5. 孕育后代或增加人口（个人的意见）

如前所述，辅助生殖技术近年来取得了飞速发展。我们也可以期待，这些技术可以帮助人们过上更加理想的生活，然而也存在一些生命伦理方面的问题。比如，人们现在可以通过产前检查，获知胎儿的准确信息。如果胎儿存在任何异常，就可能有越来越多的人选择终止妊娠。如果这成为一种普遍现象，那么或许会出现一种认知：胎儿不是孕育出来的，而是“被创造”出来的。也就是说，母体分娩或许会变得更加机械化，孩子成了“机器人”。我是反对这种机械化生育的。在我看来，应该设置一个年龄上限，而非默许所有借助高科技手段，需要让母体与胎儿都面临风险的高龄分娩。如果医疗技术进一步发展，人们的平均寿命可以达到90岁，那么我想告诉自己，用一半的生命去取悦自己，做自己想做的事，这就够了，剩下的人生不妨多考虑别人。也就是说，我建议女性在45岁前怀孕。

辅助生殖技术不能扭转人类走向衰老的过程，它说到底只是一种辅助技术。在我看来，从容接受身体自然老去，而非强行逆转，也是一种“女子力”。

◎ 引用、参考文献

①宋美玄．从检查台观察到的高龄分娩的真相．中央公论新社，2013.

②吉村泰典．满是错误的高龄分娩．新潮社，2013.

③周刊现代编辑部．真正可怕的高龄分娩．

讲谈社，2013.

④国民大争论第 8 弹　40 岁以后的高龄分娩. 周刊现代 . 讲谈社，2013-5-11—2013-5-18 合并.

⑤国民大争论第 10 弹　441 份怀孕数据显示的“高龄分娩”35 岁以后的风险. 周刊现代 . 讲谈社，2013-6-1.

⑥应该事先了解的高龄分娩的风险 . Health up 21. 法研，2014-6.

⑦适合高龄分娩的体质与不适合高龄分娩的体质 . President Baby. President 社，2014-7-15.

⑧心灵的成长与脑科学 父亲的高龄“分娩”风险（别册）. 日经 Science. 2013-8.

⑨ 40 岁以后的女性正在崩坏！. 周刊文春，2011-2-17.

⑩ 41 岁开始的不孕症治疗 . http://d.hatena.ne.jp/tamachanmama/.

⑪ 回答不孕症治疗及体外受精烦恼的 web 杂志 . http://www.sbc-ladies.com/column/taigaijyusei/938.html.

⑫ 不断增加的 40 岁以后分娩 现实与“现

在可以做的事”. https://style.nikkei.com/article/DGXMZO93979420T11C15A1000000.

⑬ 厚生劳动省 . 平成 29 年 我国人口动态 . http://www.mhlw.go.jp/toukei/list/dl/81-1a2.pdf.

3

更年期后的“女子力”是什么?
——从现在开始了解的“第二人生”

矢岛绘里

对于女性来说，平均寿命的增加同样意味着更年期后、绝经后的人生变得更加漫长。这一时期，女性的身心都会发生巨大的变化。本章将梳理更年期综合征的病因及表现，帮助读者进一步了解更年期的具体情况，提前规划这一阶段的人生。此外，笔者也在文章最后给出了自己的建议，从21岁年轻人的视角探讨如何积极面对更年期后的人生。

1. 只有人类拥有的“第二人生”——女性与更年期

◎ 平均寿命增加带来的变化

厚生劳动省2017年公布的“简易生命表”

显示，日本女性的平均寿命为 87.14 岁，创历史新高，连续两年位居世界第一。相较于明治时期的 44 岁，现在女性的平均寿命比当时增加了 43 年。与此同时，日本社会也在不断变化。明治以来，国家先后出台了《男女雇佣机会均等法》等法规。如今，社会的各个领域都有女性活跃的身影。

也有观点认为，上述变化意味着家庭不再是女性承受巨大压力的唯一源头。随着人们平均寿命的增加、老龄化社会的到来以及越来越多的女性走入职场，更年期之后的健康管理对于提高女性的生活质量极其重要。

更年期指的是女性自然绝经前后的生理阶段，是女性生命周期中身体内、外环境波动最大的时期。女性的绝经年龄平均为 50 岁。所谓“绝经”，指的是卵巢不再产生可受孕的成熟卵泡，也不再分泌卵巢激素。如今，人们平均寿命不断增加，这就意味着，日本女性需要在绝经后（生殖期结束后）面对将近 40 年的“第二人生”。

◎“祖母假说”——为什么只有人类有老年期？

首先，我们要讨论一个问题，那就是：为什么人类女性会在绝经后（生殖期结束后）迎来漫长的后生殖期（也就是人们口中的“老年期”）？我们来看一看同为灵长类动物的黑猩猩。野生黑猩猩的平均寿命为40—50岁。雌性黑猩猩几乎终生具有生理周期，生殖期结束就意味着死亡。换言之，黑猩猩一生都可以孕育后代，丧失繁殖能力的同时，生命也将走向尽头。事实上，不仅是黑猩猩，除了人类之外的哺乳类动物大多如此。从进化的角度来说，明明不利于繁衍，但人类却需要经历漫长的老年期。

不知大家是否听说过“祖母假说”。这是1998年美国犹他大学人类学教授克里斯坦·豪克斯等人就人类后生殖期提出的一项独特假说。该假说认为：女性在结束自身生育职责后，可以利用已掌握的智慧和经验，帮助自己的女儿及其他亲人抚养后代，以促进物种的繁衍。（长谷川真理子．人类，这种不可思议的生物究竟从何而来．Wedge选书.2002.）

这一假说源于豪克斯等人对生活在坦桑尼亚的 Hazda 族的观察。这族人以狩猎、采集为生，这个族群中，一部分小孩有祖母照顾，另一部分没有。和后者相比，前者的生活条件（包括食物情况等）明显好得多。因为在一些部落中，年轻的夫妻每天忙于寻找食物。如果能将孩子放心地交给祖母，他们就能在工作时少分心。我们的社会也是如此——祖母照顾孙辈的日常起居，可以很大程度上减轻年轻夫妻工作、家务上的压力。事实上，随着日本双职工家庭的增加，越来越多的祖父祖母承担起了照顾孙子孙女的工作。1997 年，日本“近距离居住者”（距离父母家单程不到 1 小时的家庭）的比例为 43%。到了 2012 年，这一比例已上升到 51%。当然，过度依赖长辈可能会在不知不觉间给他们带去压力，所以适度帮忙很重要。对于这些已经从工作第一线退下来的人来说，照顾孙辈其实是一件有意义的事，因为这可以帮助他们找回生活的意义，重拾自信心。

如果说繁衍后代是生物的终极目标，那么

人类则是一个例外——即便结束了生殖期，也能继续活很多年。而且年长的女性，也就是所谓的祖母们，不仅比男性提前几十年停止生殖功能，而且寿命更长。我接下来的说法或许有些冒犯，但如果只探讨生殖功能，将绝经后 50 多岁的女性称为“祖母”的话，那么三四十年后，我也会变成祖母。从上述假说也能看出，祖母们在社会中发挥着非常重要的作用。

话说回来，2001 年任东京都知事的石原慎太郎发表了所谓的“老太婆言论”，引起轩然大波。他当时的言论有：“女性失去生殖能力后还活着是一种浪费，是有罪”，“男性即便到了八九十岁依然具备生殖能力，但女性绝经后就不能再孕育后代。这样的‘老太婆’对地球来说就是恶害”，“文明带来的最有害的事物就是‘老太婆’”。据他本人称，这番话引述的是东京大学名誉教授松井孝典关于“祖母假说”的言论。（周刊女性 . 2001-11-6.）但事实上，这与松井孝典的观点完全不同，也遭到了很多女性的抵制。2001 年我还在读小学二年级，完全不明白他是什么意思。而如今，我很清楚这些话对太多女性造成了严重伤害。和过去相比，性别差异不断缩小，越来越多的女性积极投身工作，走上管理层。但即便如此，即便不再有人公然挑衅，上了年纪的女性依然可能面临歧视。

更年期后，女性的身体状况和生物角色都发生了变化。她们该如何走完这将近40年的“第二人生”？又该如何面对今后的自己？

2. 面对更年期的身体

◎ 身心发生巨大变化

大家经常听到更年期这个词，但更年期究竟是什么？这一时期，女性又会为哪些症状所扰？接下来，我们就来看看更年期给女性带来的身体上的变化与症状。在整理资料的过程中，我收获了很多此前从未接触过的知识，同时也觉得有些抱歉，因为我的母亲即将结束她的更年期，我应该更关心她一些。不过现在也为时不晚。我希望能和大家一起了解这一时期女性身体的变化。

我再重申一遍，所谓更年期，指的是女性绝经前后的几年。绝经则是指卵巢不再排卵后，月经永久性停止。通常来说，连续一年没有月经可视为绝经。日本女性的平均绝经年龄为 50 岁。由于更年期指的就是绝经前后的几年，所以日本女性的更年期是 45—55 岁。与月经初潮一样，我们同样无法预测更年期何时到来。不过由于这一时期，雌激素的分泌迅速减少，体内的激素平衡被打破，不少人会觉察到身体的变化或者感到不适。

女性更年期时需要经历绝经这一重大生理变化，从性成熟期迈向无法生育的老年期。放眼将近 90 年的人生，女性更年期既是中点，也是下一个人生阶段的起点。从社会属性来看，这一时期的女性多在工作中被委以重任，除此之外，她们还要面临一系列环境变化，如子女长大独立生活、年迈的父母需要照顾、身边人的离世以及自己即将退休等。可以说，经历了更年期，女性的身心都会较以往发生巨大改变。

◎ 了解激素的作用机制

那么，女性在经历更年期时，身体究竟发生着怎样的变化？我们先来了解一下激素的作用。

女性的身心受两种非常重要的激素影响，它们分别是雌激素（促卵泡激素）和孕激素（黄体酮）。女性 40 岁以后，由于身体内这两种激素的分泌和过去不同，身体也会随之产生微妙的变化。雌激素不仅可以促进和维持女性第二性征发育及性器官成熟，还能帮助女性保持良好的精神状态。孕激素则在维持月经、妊娠方面发挥着重要作用。在月经前半周期，雌激素大量分泌，到了后半周期、排卵期后，黄体则会分泌大量孕激素，促进子宫内膜增生，以迎接受精卵。如果没有受孕，黄体就会萎缩，导致子宫内膜脱落，月经来潮。

此外，雌激素和孕激素之所以能保持平衡，还受分泌中枢垂体前叶（位于间脑促进激素分泌的组织）的影响。这里分泌的卵泡刺激素会促进卵泡发育，同时促进雌激素的分泌。另一种黄体生成素则会促进排卵和黄体生成，并进一步促进黄体分泌孕激素。

而且垂体前叶还与自主神经中枢关系密切，自主神经几乎遍及人体全身，可以无意识地调节身体机能，比如让心跳加快或减慢，让血管收缩或扩张，甚至影响肠道功能、调整呼吸速率。此外，一些情绪变化也会通过自主神经表现出来，如紧张时心脏怦怦跳，难为情时面红耳赤，有烦心事时食欲不振等。

如果卵巢功能良好，雌激素和孕激素会在垂体前叶的刺激下正常分泌，两种激素相互作用，保持身体平衡。但当女性 40 岁后，卵巢逐渐停止排卵，雌激素也会逐渐减少。如此一来，黄体不再形成，孕激素的分泌也就随之停止。然而，垂体前叶的作用却一如既往，甚至分泌更多激素，进一步刺激卵巢，以帮助其恢复功能。这就会导致自主神经失调，产生一系列难以捉摸的症状，也是引发女性出现更年期症状的原因。

虽然解释起来有些长，但了解上述机制非常有助于我们应对更年期问题。如果知道自己的身体此时正在发生什么变化，我们心里或许也能感到轻松一些。

◎ 何为更年期症状

我们通常把更年期出现的各种问题称为“更年期症状”，不过并非所有女性都会为这些不适所扰。虽然这一时期女性的身体机能会发生变化，都要经历卵巢功能衰退，但受性格因素、环境因素、生活习惯等影响，更年期症状的严重程度、种类、持续时间也因人而异。有人觉得非常痛苦，也有人很轻松就过去了。有 20%—30% 的女性会出现比较严重的更年期症状，甚至影响日常生活[①]。

如此看来，如何顺利度过更年期、保持身心健康，对提高接下来 40 年的生活质量很重要。一个人的健康受身体、心理、社会环境等多重因素的制约与影响，也与一直以来的生活方式息息相关。

那么，这一时期的女性需要面临哪些具体

---

① 日文中通常把更年期出现的各种问题称为“更年期症状”。如果症状比较严重，影响日常生活，则被称为“更年期障害”。

的烦恼？我们可以将更年期症状大致分为三类。

（1）自主神经失调症状

更年期症状中最常见的一种，主要表现为全身倦怠、眩晕、头痛、心悸、气短、恶心、食欲不振、便秘、腹泻等。患者出现不固定躯体症状，却缺乏相应的器质性病变，也就是所谓的“不定陈述综合征”。

（2）精神神经症状

这一时期常见的精神神经症状包括失眠、乏力、焦虑、易疲劳、紧张等。家庭生活、职场带来的身心压力是主要的外界因素。

（3）运动神经症状

主要表现为肩膀酸痛、腰痛等。早晨起床时腰部剧烈疼痛，活动一段时间后疼痛有所缓解，这是更年期女性特有的症状。这种腰痛不是跌打损伤引起的，也没有实质性病变，更与子宫位置异常等无关。此外，一些人还会感觉到“膝关节有摩擦音”“肩膀咯吱作响”。这是由于这一时期女性体内激素水平下降，导致关节表面不再光滑，引起骨质疏松，通常被称为“绝经期关节炎”。

女性在经历更年期时，最重要的一点是“不要忍耐”。倘若身体出现不适，首先要意识到自己是生病了，应及时就医、接受检查。如果连自己都不知道这是更年期症状，又怎么能获得家人的理解。如果放任不管，也不去治疗，觉得过几年就没事了，还可能严重影响接下来的人生。激素替代疗法（HRT）可以通过补充体内缺少的雌激素来缓解女性潮热、出汗、阴道干燥等更年期症状。如尽早接受治疗，也有助于预防骨质疏松、阿尔茨海默病等的发生。一些女性在接受治疗后，身体情况有所好转，周围人才第一次意识到“原来她之前状态不好是因为更年期啊”。

换个角度来说，如果你身边有正在经历更年期的女性，也希望你能多体谅她。她或许因为精神上的焦虑、紧张，有时还冲你发火。这时，你的想法很关键，是“这人是怎么回事啊”，还是“因为她生病了所以多体谅她吧”。你的态度或许能在一定程度上缓解她的症状，甚至影响你们之后的关系和交往方式。对于正在经历更年期的女性来说，周围人的理解大概比任何处方都重要。

3. 更年期与婚姻生活

◎“爱”与“心动”是最好的良药

恋爱中的女性神采奕奕。每当有朋友和我说她有喜欢的人或者交了男朋友，我就注意到她确实和平时不太一样，变得更漂亮了。这与年龄等因素无关。或许对于上了年纪的人来说，想要维持青春与美丽，最关键的一点就是谈恋爱。如果一个人会对另一个人心动，会爱别人，那么她对待生活的态度也一定是积极乐观的。不论是单身，还是之前流行过的“昼颜妻”[①]，又或者夕阳恋，只要对异性心动，有一颗爱别人的心，就能缓解更年期的不适，预防早衰，也能让女性保持容光焕发。据说白头到老的夫妻都有一个共同点，那就是多换位思考，在包含性生活的各个方

① 即平时送丈夫上班后，与其他男人陷入婚外情的家庭主妇。

面相互体贴、相互理解，尊重彼此也深爱对方。

似乎有不少更年期女性认为：月经结束就意味着这辈子差不多就这样了。但女性的价值并非如此。女性存在的意义也不取决于她是否能怀孕。所以即便绝经，女性依然可以拥有性生活。倘若更年期后出现身心不适或者性功能障碍，也可以告诉丈夫，两人一起寻找合适的方式，减少对身体的负担。在夫妻生活中，如何跨越这些障碍，决定了女性更年期后的性生活是丰富还是贫乏。

◎ 如何在更年期、老年期实现并维持更加和谐的婚姻关系

更年期不过是人生的一个阶段，但也会影响夫妻的晚年生活。为了迎接此后漫长的人生，在此我列举出几点我的思考，希望能帮助大家更加轻松、合理地度过这一重要时期。

（1）增加彼此接触、外出、对话的时间

我的父母每周末都会抽出一天外出，比如去附近新开的意大利餐厅吃饭、去市中心购物、

看一场电影或者一起散步。即便不交谈，也要增加在一起的时间，这一点非常重要。

（2）拥有适合的性生活，女性可以向丈夫坦白自己的欲望及身体情况，共同寻找应对方式

男性从小在和母亲的接触中，习惯了被人照顾，却不善于察觉对方的心思。正经历更年期的女性要如实将自己现在遇到的问题、身心的不适告诉丈夫。只有相互理解，才能让婚姻生活更加和谐。

（3）不论是否有性行为，都应重视多种多样的情感表达，如肌肤接触

或许在日本比较少见，但我在英国经常能看到七八十岁的老夫妻手牵手的温馨场景。无论多少岁，都可以通过肌肤接触，确认彼此的重要性。

◎ 尾声

在撰写本章时，我阅读了很多关于更年期的书籍，也反复阅读了《妇人公论》这本杂志。有不少顺利度过更年期的年长女性分享了自己的

心得，她们是我人生的前辈，让我受益匪浅。我知道，作为一名只有21岁的大学生，我写的这些关于更年期的内容，或许在一些前辈看来非常粗浅。但有一件事我很清楚，那就是“年纪的增长并不可怕”。或者说，更年期正是改变自己的重要时机。女演员石田良子曾在《妇人公论》中说过这样一段话：

> 每个人生来都有优点和缺点。想要彻底改变或许很难，但如果一点点调整，就能接近自己理想中的女性形象。一点点改变自己，成为理想中的女性。（2010-1-22.）

经历了更年期的“第二人生”，可以因为自己的选择变得生动有趣、丰富多彩。我知道，女性在这一时期需要面对很多问题，一旦陷入某个困境，就很难抽身。严重的更年期症状甚至会让你否定作为女性的自己。然而，如果能顺利度过这个时期，你就会肯定自己。绝经并不意味着人生走到尽头。充满活力的女性可以积极认真地面对人生，把有限的时间活得充实而精彩。此外，笑容也会给人留下深刻印象。倘若因为更年期症状，每天愤怒、烦躁或者怨恨他人，不知不觉间你就会发现自己变成了讨厌的样子。这时我希望你能照一照镜子，看看自己的脸。只是有意识地微笑，就能让心情变得轻松一些。

而且无论什么年纪，我都希望你能找到喜欢做的事，愿意为之投入精力。当然，即便你知道动起来比较好、要多去尝试新事物，更年期带来的情绪低落也可能让你没有心情考虑这些。这时，一定不要因为态度不积极而责备自己。与其强迫自己做些什么，不如放平心态，科学看待更年期，和往常一样生活。

换言之，活出自己的样子或许才是更年期以后的“女子力”。之后几十年的人生会因为生活方式的不同，变成另一种“青春”。我在高中时期经历过青春期，但我的人生可能不止一个青春？这种想法着实让人激动。在我的“第二人生”里，还有一个不确定的未来在等着我。

◎ 引用、参考文献

① 新野博子 . 从 40 岁开始的女性医学：如何快乐而充满活力地度过更年期 . 海龙社，2007.

② 半场道子 . 女性之痛，女性的身体——如何选择明智的生活方式 . 日本评论社，2006.

③ 河野贵代美 .《女性与心理》系列女性的身体与心理 . 新水社，1999.

④ 驮田井正，原田康平，王桥 . 东亚地区少子高龄化与可持续发展——中日韩三国比较研究 . 新评论，2010.

⑤ 武谷雄二，麻生武志，野泽志朗 . 新女性医学大系 21 卷：更年期 · 老年期医学 . 中山书店，2001.

⑥ 田中富久子 . 女性的衰老、男性的衰老——医学视角探寻性别差异 . NHK，2011.

⑦ 大阪市立大学研究生院生命科学研究科生活科学部 . 生活科学最前线！研究报告 Vol 9：多代人交流背景下创造共生关怀 . http://www.life.osaka-cu.ac.jp/report/rep09.html.

⑧ NHK. 早上好日本 . 照顾孙辈：祖父母的

心声 . 2013-9-5.

⑨ Omron 式美人 一起了解吧：更年期的基本知识 . http://www.healthcare.omron.co.jp/bijin/bijin/shittemiyo/menopause.html.

⑩ 周刊女性 . 主妇与生活社，2001-11-6.

⑪ 妇人公论 . 中央公论新社，2010-1-22, 8-22, 10-7.

Part 2

婚姻作为人生大事

不论是平均寿命，还是终身未婚率，
都呈上升趋势。可以想象，今后未婚且长寿的女性
会越来越多。这些人一生没有伴侣，
她们今后要面临哪些问题？

把握社会的发展脉络，
而不是被这些变化弄得措手不及。
换言之，要踏着时代的浪潮，
享受自己的人生。

4

结婚的考古学

——结婚痛苦吗？幸福吗？

高室杏子

本章以“结婚的考古学”为题，首先梳理了近代之前及昭和时期与婚姻有关的二三事，然后从几个侧面探讨了日本社会一直以来的婚姻制度。希望能借此机会，和大家共同思考不同时代背景下的婚姻难题、始终存在的结婚烦恼，重新审视在如今看来理所当然的婚姻观。

1. 作为女性避难所的“缘切寺”①

◎ 想逃进东庆寺

人们在讨论婚姻问题时，大体上有两种声

① 日文“縁切り寺”。“縁切り”是断绝姻缘、情缘的意思。“縁切り寺”指的是后文的东庆寺。

音:“结婚会给女性带来幸福”与“婚姻是人生的坟墓”。假如我结婚了,我会偏向哪种说法?有人歌颂婚姻,也有人觉得痛苦。——这就是我心中仅有的关于婚姻的模糊印象。

过去的人们是如何看待婚姻的?在思考结婚考古学这一题目时,我先去拜访了一座可以“断绝姻缘”的寺院。

不知大家是否听说过镰仓的东庆寺。东庆寺和群马县的满德寺在江户时期被称作“缘切寺”“驱込寺”①。如果女性结婚后遭到家暴或者丈夫出轨,甚至因为欠钱要被卖到吉原②还债,都会来这里。读者中或许有人知道,东庆寺还是2015年5月上映的电影《投靠女与出走男》的取景地之一。这部电影讲述的是江户时代与离婚有关的故事。其中大泉洋饰演的医生兼作家与户田惠梨香、满岛光饰演的逃婚女性相遇,一路见

① 日文“駆け込み寺”。“駆け込み”是跑进去或跑到某处寻求帮助的意思。群马县的满德寺和本文介绍的东庆寺都可以为想要离婚的女性提供帮助。

② 日本著名花柳街,是江户时代公开允许的妓院集中地,位于东京都台东区。

证她们离婚的始末。影片一开场，想要离婚的女子不顾发髻凌乱，拼尽全力跑向东庆寺的大门。正如电影中描写的，只要女性将随身物品（如草鞋或发簪）扔进寺院，也算“跑进去”了，可以视为离婚的第一步。

如今社会上有一种风气：恋人之间必须频繁打电话。我对此感到十分疲惫，甚至想和户田惠梨香一起逃去东庆寺。如果我一个月不联系男友，他就会感到不安。只是一个月而已，他是打算当我的监护人吗？或许懒得和人打交道的我根本不适合恋爱。毕竟我觉得，如果恋爱不能给双方带来快乐，不如趁早结束。而且在我看来，没什么事也不用总打电话。

暂且不谈我这些私人抱怨。由于明治时代法律发生变化，东庆寺不再是“缘切寺”，寺中住着的也不再只有女性。我心中刚刚描绘出的前所未闻的女大学生出家梦就此破灭，但我还是读着这部电影的原著小说——井上厦的《东庆寺花讯》，开启了镰仓之旅。

◎ 出发去东庆寺

东庆寺是镰仓时代的执权北条时宗[①]的妻子觉山尼修建的临济宗禅寺。到了江户时代，这里又被称作“松冈御所”，是幕府公认的处理离婚事宜的地方，吸引了许多想要同丈夫离婚的女性。在明治四年《缘切寺法》废止前，东庆寺均由名门女子出任住持，如后醍醐天皇的皇女、德川家康的孙女千姬等。由于这些女住持身份高贵，而且此处深受幕府重视，所以据说即便是大名阶层的人遇上东庆寺的轿子，也要在路边等候。直到明治三十五年，进入 20 世纪后没多久，一名男性僧人出任住持，才结束了这里作为尼姑庵的历史。

来到东庆寺后，我先穿过狭窄却精致的大门，进入正殿参拜，希望佛祖保佑我能和不对脾气的人顺利分手。庭院中种着福寿草和梅，枝头挂着花蕾。

我一共去过六次东庆寺。不论什么季节，庭

① 日本镰仓时代中期武将，镰仓幕府第八代执权。

院里都开着生机勃勃的花。我很喜欢这样的庭院。女性想来这里，需翻过镰仓的山，途中还可能遇到歹人。这些花似乎象征着东庆寺的宁静与稳重，迎接着每一位逃到这里的女性。站在院中，你仿佛能听到传来一个声音：你可以成为自己想要的样子。

接着我来到正殿旁的松冈宝藏馆。这里陈列着东庆寺研究第一人、专修大学教授高木侃收集的离婚书、书信，以及留在寺中的信件。陈列着的离婚书上写着离婚理由。其中一些女性为了还债要被卖到吉原，更常见的则是丈夫欠钱或家暴、不工作、出轨等等。如此看来，“不靠谱的丈夫”自古至今都一样。离婚书就是人们常说的“三行半”[①]，一般只有三行内容。不过这里的离婚书最短的一行半，长的甚至有十七行。当时，女性想要再婚必须有前夫的离婚书，没有离婚书却和丈夫分居，会遭受惩罚。

不过，江户时代女性想要离婚，并非只需

① 即日本的休书，内容通常为三行半。

丈夫写下离婚书。《缘切寺法》详细规定了女性出逃后的一系列手续。离婚的方法大体可以分为两种：一是寺院参与调解的“内济离缘”，二是女性居留寺内两年的“寺法离缘”。简单来说，前者相当于协议离婚，后者更像是强制离婚①。逃到这里的女性只要提出申请，基本都能实现离婚愿望。高木侃曾用“圣域”②一词形容东庆寺，即便放眼全世界，这座“避难所”也是非常独特的。

明治四年，《缘切寺法》废止，政府出台了新的离婚法律。东庆寺不再作为女性的离婚避难所。新的法律规定，离婚必须征得丈夫同意。在本章的最后，我会和大家分享我的祖父母、父母的婚姻旧事。每当想起这些，我就不禁思考，如果明治之后东庆寺依然延续过去的样子，又会是一幅怎样的光景？

---

①“内济离缘”指的是妻子逃至东庆寺后，寺院官吏会对其询问调查，再找来亲属进行调解，和丈夫协商离婚，丈夫写下离婚书，即视为离婚成立；“寺法离缘”指的是丈夫不同意离婚的情况下，妻子需要在寺中居留 24 个月，期满即视为离婚成立。

② 日文“アジール”，源自希腊语 asylos，庇护所、避难所的意思。

2. 结婚报道的考古学

◎“足入婚”[①]——用完就抛弃的新娘

我想和大家探讨的关于“结婚考古学”的第二个话题，是从60年前的20世纪50年代一直到我出生前的20世纪80年代，刊登在周刊杂志上有关婚姻的报道。

我在收集这些旧报道时，发现不论什么年代，人们都会为结婚一事苦恼。一些女性为了家庭，受婆家差遣使唤，最终被赶出家门；有人为了追赶婚恋自由的潮流，找咨询机构倾诉烦恼，“我找不到喜欢的人”，结果上当受骗；婚恋市场的男性总被要求“身材高大”“收入不菲”“接受过良好教育”；还有人一边工作一边做着有关婚姻的美梦，希望“自己能受异性欢迎，找到完美的伴侣”。在我收集资料的过程中，看到过一些让我记忆深刻的报道，在此也想分享给大家。

其中给我留下最深印象的，是昭和时代关

---

① 日文“足入れ”，是一只脚迈进去的意思，“足入婚”即正式结婚前的实验性结婚。

于农村新娘的报道。

不知大家可听说过“足入婚”一词？我问过身边的同龄人，没一个人听说过。这是一种农村常见的结婚形式。在繁忙的播种与收获季节，为了弥补劳动力不足，女方会作为“临时妻子”住进男方家里，帮忙做农活或者家务，好像“只有一只脚踏入婚姻殿堂”。男方借此考察女方是否适合这个家，再决定是否结婚，这在当时十分盛行。

1956 年的周刊杂志就刊登了一篇记录“足入婚”的报道。文章的标题是：“以劳动力为目的的‘足入制度’任劳任怨却最终遭到抛弃”。

一名女性只是口头和男方约定好结婚，就搬去对方家里。她在农忙时怀孕了，却被要求打掉孩子。等农忙期过了，男方家又以“你不适合我们家”“你不是一个合格的妻子”为由，单方面提出离婚。女方最终向法院提起诉讼。这篇报道发表于第二次世界大战结束后十年左右，在描述“足入婚”时，用了“旧习”一词，从中我们也能明确感受到，这时的人权意识已经开始觉醒。除了这名上诉的女性，还有很多女性经历过“足入婚”，她们的人生就此发生改变。这篇报道中还有这样一段话：

> 她们晚上需要服侍丈夫，白天在家无偿劳动，如果惹公婆不高兴，还会被赶出家门。这样的妻子和奴隶也差不多吧。
>
> （周刊娱乐　读卖 . 1956-11-2.）

我不禁再次感慨，过去的 20 多年，自己是何等幸运。即便现在，不只农村地区，很多女性也会在网上匿名分享自己在婆家的遭遇。不过大家都是匿名吐槽，真实性无从可考，所以一些论坛上的帖子看起来缺乏现实感。然而读了这些旧报道，我的想法又不太一样了。

“足入婚”考虑的是家庭利益。通常来说，女方多为中农以下家庭，连嫁妆都很难凑齐，男方则是拥有一定土地的相对富裕的农家。实际上，这种形式的婚姻大多需要两个家庭达成供需共识：相对富裕的一方想获得“劳动力”和“子嗣”，相对贫穷的家庭更在意“把女儿嫁到什么地方”。

然而在这一过程中，女儿是没有选择权的。她必须尽最大努力看婆家人的脸色，没结婚时担心自己是否能顺利嫁出去，若对方稍有不满，不仅不能结婚，还要被“退回娘家”[①]，遭人说三道四，想要再次出嫁就更不容易了。据说在那个年代，有“污点”的女性很难再次结婚。如果男女双方本就情投意合，那也没什么问题。但假如女方真的不确定自己能否嫁出去，面对丈夫和婆家人，她所承受的压力是无法想象的。

当然，并非所有农村家庭都选择“足入婚”，也不能说所有经历了这种婚姻的女性都是不幸的。但我也确实能从报道中感受到那些被迫嫁过去又遭抛弃的女性们的心声——“这种婚姻不是我喜欢的，也不是我想要的。”

◎ 在“结婚热潮”中寻找伴侣

“足入婚”放在今天或许难以想象，读完相

① 日文“出戻り”，指的是出嫁后因离婚或丈夫去世等原因再次回到娘家的行为，同时也指回到娘家的女性。

关报道，我忽然想到一个问题。日本 20 世纪 60 年代出现了结婚热潮，那些想要结婚却结不了婚的男女又怎么样了？那时不再有“足入婚”这种强制婚姻，人们在谈论结婚问题时，最容易想到的应该是先恋爱后结婚，或者通过相亲等途径认识，再基于双方意愿结婚。然而那时也一定存在不少人，虽然有结婚意愿，却因为没遇到合适的人或者经济原因，找不到结婚对象。和今天不同，他们还无法借助互联网和社交平台寻找伴侣。

就在我思考这个问题时，读到一篇写于 1962 年的报道，标题是“提倡结婚适龄者登记法”。文章被刊登在《妇人公论》上，大家都说这是一本“妻子购买，丈夫也会读的杂志”。我对此很感兴趣，因为它让我联想到最近周刊杂志上写满“婚活”“妊活”[①] 等字眼的文章。这篇报道写到，当时的结婚率（每 1000 人中的结婚数）高达 9.2%，婚姻咨询、福祉事业等方面的专家

① “怀孕活动”的简称，掌握怀孕相关知识，为怀孕作好身体上的准备及规划。

对结婚热潮阴影下的未婚男女表示担忧，他们建议国家完善相关法律，“方便年轻人结婚”。

但由于当时缺乏相关法律，未明确经营方法与方针，路边随处可见公办、民办的婚姻咨询所。前来咨询的男女比例约为 4∶6，女性稍多一些。也是由于法律的不完善，而且女性顾客较多，一些不怀好意的男性甚至将婚姻咨询所当成如今的“交友网站”。1967 年《女性自身》刊登了一篇文章，一名女记者以身涉险，亲自当了一回顾客。当时的婚姻咨询所有很多不为人知的内幕，比如登记在册的照片与本人不符，一些工作人员甚至是色情行业的中介。

《妇人公论》文章的作者为了改变婚姻咨询所的现状，以“促成未婚男女的美好姻缘”“改善并维护年轻人的身心健康”为理念，倡导施行“结婚适龄者登记法”。具体措施包括：地方公共团体对成年未婚男女进行登记，根据当事人的性格组织相亲活动，进行结婚方面的指导，减少已婚人士的税金，为新婚夫妇提供住房等。

其中一些举措让我不禁联想到如今的“少

子化政策”，所以这篇文章给我留下了深刻印象。不论当年还是现在，如果男女双方不能邂逅，又何谈结婚。说起来，我的祖父母就是在 20 世纪 60 年代结婚的，婚后很快有了孩子。他们曾很是怀念地告诉我，他们没去结婚咨询所，而是在工作中认识的。不过从当时的人口数量来看，一定有很多人没找到合适的伴侣。

那么为什么当年人们如此想结婚，甚至要去婚姻咨询所？但现在不少人出于自己的意愿选择单身。在那个年代，大概很多人相信“婚姻是幸福的”吧。提倡出台登记法的报道里还写着这样一句话：

> 池田先生[①]吹响号角，带动经济增长，人们收入翻倍。如今，不论是城市还是农村都通了电，加之令人着迷的娱乐设施、

---

① 指的是池田勇人（いけだはやと，1899—1965 年），昭和后期政治家，日本第 58 任、59 任、60 任首相（内阁总理大臣）。20 世纪 60 年代，他以“宽容与忍耐”为施政口号，推进国民所得倍增计划和经济高速增长政策。

丰富多彩的生活以及铺天盖地的广告，年轻人对婚姻的憧憬自然无限膨胀。

（妇人公论 .1962-3.）

我出生在泡沫经济破灭之后的 1994 年，虽然不太能想象当年的具体情形，但也明白那个时代是何等繁荣。高结婚率也意味着当时大多数人对婚姻持肯定态度。

不过有一点让我很在意，那就是：真的不存在“其实不想结婚却没表现出来的人”吗？当然，那已经是 20 世纪 50 年代的事了。用现代人的观点发表意见或许没有意义。但在那个全社会都想结婚的热潮中，真的没有人是迫于“父母总是唠叨，我也没办法”的想法吗？

◎ 新郎的必修课

想结婚却无法结婚。为什么人们会为这件事烦恼？说起来，我和朋友也相互抱怨过“想谈恋爱，却找不到合适的人”。我回忆着过往，翻到一篇 20 世纪 80 年代的杂志报道，标题很是新奇："在新郎学校需要掌握的知识"。"新郎学校"是什么？新娘修行[1]的男性版吗？后面一个词显然充斥着家长制度[2]意味，"学校"一词却给人一种现代感。不过这又和我理解的现代不同。真是有趣。

在新郎学校需要掌握什么？这篇文章写于1989年，那时家庭课[3]还未导入义务教育阶段。念及这一点，我的脑海中不由浮现出老师站在讲台上，嘴里说着"不能把家务全都交给妻子"的画面。这篇报道写的一定是"丈夫的这些行为是不对的""结不了婚的男人性格有问题"等等，将责任全部推给男性。我小心揣摩着，开始阅读文章，却发现内容和我的预期完全不同。

文章记录了一场座谈会，参与者包括日本青年馆婚姻咨询所所长板本洋子、记者兼新郎学校副校长斋藤茂男、评论家兼新郎学校校长樋口

① 日文"花嫁修業"，指的是女性需要在结婚前掌握相关技能，以成为一名优雅、能干的主妇。

② 一家之主（男性）对家庭有绝对的支配权。

③ 中小学科目之一。培养学生掌握与衣食住行等有关的知识和技能，并通过这些知识和技能了解家庭生活的意义。

惠子。会议记录长达 10 页，但我的目光却被两个关键词吸引——“宫崎勤”[①] 和“母亲”。为结婚而烦恼的男性又和连续幼女诱拐杀人案的被告有什么关系？

宫崎勤案发生在 1989 年的夏天，凶手先后绑架并杀害了多名 4—7 岁女童。他不仅将犯罪声明寄给报社，还将被害人身体的一部分寄给家属。这是一起极其残忍且泯灭人性的恶性案件。

关于座谈会的报道刊登于同年 11 月。三位学者不仅关注了被告人的成长经历，还讨论了“构建新家庭时，男性、女性应具备哪些能力”。在樋口惠子看来，来新郎学校的男性和宫崎勤有一个共同点，就是“缺乏人际交往的经验”。但板本洋子却表示“并非所有男性都是这样”，一些来婚姻咨询所的男性表示“自己无法理解成年女性”。她认为这些人之所以无法结婚，是因为不

①1988—1989 年间，宫崎勤先后绑架并杀害了四名 4—7 岁的女童，将犯罪过程拍成录像，又将女童骨灰寄给家属，轰动日本社会。2006 年，日本最高法院核准宫崎勤死刑，2008 年 6 月执行。

懂人际交往。

我本以为新郎学校只是个教家庭课的地方，但事实却超出我的想象。这所学校教导男性要意识到两方面内容："女性的变化与性别差异"和"自身成长的家庭环境"。用通俗一点的话说，就是新郎学校通过咨询、讲座等形式，帮助男性进一步思考"如何与女性相处""自己希望从家庭中获得什么"。不少申请上课的"学生"其实是母亲帮他打电话的，从这一点也能看出，母亲是多么希望"儿子过得幸福"。不过她们的儿子是否真的能从婚姻中获得幸福？板本洋子在文章中是这样描述的：

> 母亲其实是矛盾的集合体。她并不想让女儿再次体会自己经历过的辛酸。自己的婚姻或许迫于无奈，却希望女儿能和心爱之人结婚。可儿子就不一样了。她期待自己未来的儿媳心地善良，和自己相处和睦，甚至能照顾晚年的自己……

（妇人公论 . 1989-11.）

◎ 尾声

算起来，前文中的“母亲”应该与我的祖母年龄相仿。2014 年的春天，祖母离开了我。她在住进临终关怀医院前，和我零零碎碎说过一些往事。她和祖父结婚后不久便搬去公婆家住，照顾卧床不起的两位老人。老两口总是因为一点小事不高兴，祖母为此也没少受气。但由于她老家离得远，回去一次很难。祖母当时很是寂寞地和我说，她连自己的父母都没法照顾，我真的不知道该如何回答。我的祖母曾是学校保健科的老师，和祖父在同一所高中教书。我不认为他们的婚姻是迫于无奈，但即便如此，她这些年也过得非常不容易。

祖母的忍耐力很强，但我的母亲才是我认识的人里性格最坚强的。她永远忽视自己，优先考虑别人。她的工作很忙，却总能抽出时间去临终关怀医院探望祖母，还给同住的祖父准备营养均衡的饭菜。她肯定不止一次想过“为什么所有事都要我操心”，可她从不向任何人抱怨，默默守护这个家、照顾我。对此我表示非常感激。如今，我已作好毕业后的打算，也再次下定决心要好好回报她。除了母亲，我还希望我的其他家人们都能生活幸福，为此我愿意付出一切。但这并不意味着我要放弃自己的幸福。

本文以缘切寺为切入点，简单考察了明治之前的离婚制度，又和大家分享了几篇战后周刊杂志上令我印象深刻的文章。那么，人们是否应该结婚？即便读了这么多资料，我也无法给出明确的答案。每当听到大学里前辈们讨论如何平衡工作与生活，我总会逃避这个问题，告诉自己“我才二十出头”。但仔细想想，留给自己的时间也不多了，这又让我惊出一身冷汗。我甚至消极地想过：或许很多事只有结了婚才明白，重读过去的文章根本没有意义。

不过，在我走访东庆寺、翻阅旧报道、倾听前辈们讲述过往时，又真切地感受到：和过去相比，当今社会对婚姻的态度已然发生变化。我是时代的一分子，不能总觉得婚姻问题与自己无关。

过去，一定有一些人认为婚姻是痛苦的，所以才逃去缘切寺。她们无法决定自己的婚姻，无处可逃，深夜以泪洗面。还有一些女性被丈夫以荒唐的理由抛弃。但也有人想结婚却始终寻觅不到合适的对象。甚至有母亲给婚姻咨询所打电话，为自己的儿子寻找幸福。“围绕婚姻，曾经有过这样的故事”，这是我写这篇文章的初衷，也希望大家能在思考婚姻问题时有所参考。

“结婚会给女性带来幸福”，又或者“婚姻是人生的坟墓”？我不希望我的人生被这样的定论左右。我想在找到属于自己的幸福的同时考虑周围人的幸福，这些人包括未来的家人、职场上的伙伴、住在附近的邻居……不过，如果婚姻与我设想的幸福不同，我或许不会结婚。

5

模拟 90 岁独身生活

——在“长寿独身者”不再是少数派的时代

小林万纯

虽然社会上有了体现价值多元化的事实婚姻等婚姻形式、伴侣关系，但有数据显示，日本的终身未婚率，即 50 岁时的未婚率（虽然我个人不喜欢这种说法）依旧逐年上涨。而且随着医疗技术的发展，人们的平均寿命不断增加，如今日本已是名声在外的长寿之国。从这些数据我们不难推测出，未来将有不少人成为长寿的独身者。所以我们现在更应该发挥想象，提前设想高龄独身者的晚年生活。本章先列举了笔者自己“想要结婚”的理由，然后考察明知困难重重依然选择成为独身者的人将会在晚年遇到哪些问题。

1. 人均活到 90 岁的社会

◎ 增长的平均寿命

看到“90”这个数字，你会想到什么？是超市里打折商品的价格，还是一场足球比赛的时间？如果你喜欢化学，或许还能联想到元素周期表 90 号元素钍。

不过这里的“90”指的是日本女性今后的平均寿命。2017 年厚生劳动省公布的数据显示，日本女性的平均寿命为 87.14 岁，再次刷新已有纪录。据厚生劳动省预测，2065 年日本女性的平均寿命有望进一步增加，也就意味着，一个平均寿命 91 岁的老龄社会即将到来。这对于大多数女性而言，活到 90 岁将是一件很正常的事。如果以这个数字为标准，那么 20 岁左右的我才走完人生的约五分之一。可我现在很难想象自己要活到 90 岁，甚至感到有些茫然。

我稍微设想了一下活到 90 岁的情形，心中甚是不安。到那时候我还要工作吗？能拿到养老金吗？我的经济状况还好吗？需要别人照顾吗？

是不是会变得很孤独？在我看来，如果没有规划、听天由命地活着，这些担忧早晚会成为现实。

如果所有人都要活到 90 岁，那么我觉得应该从现在开始考虑今后几十年的人生，这样比较稳妥。否则等我 70 岁左右时，才发现还没为接下来的 20 年做准备，就为时已晚了吧。

◎ 不断增加的独身者

据《平成二十九年厚生劳动白皮书》预测，截至 2050 年，日本的“终身未婚率”（50 岁时的未婚率）将达到 24.7%。也就是说，出生在 2000 年的冈田结实（搞笑艺人组合“增田冈田”中冈田圭右的女儿）、滨田龙臣（在大河剧[①]《龙马传》中饰演童年时期的坂本龙马）、搞笑艺人组合“前田前田”的弟弟前田旺志郎等人 50 岁时，身边每 4 人中将有 1 人独身。

不论是平均寿命，还是终身未婚率，都呈上升趋势。可以想象，今后未婚且长寿的女性会

① 大河剧，日本 NHK 电视台自 1963 年起每年制作一档的历史连续剧的系列名称。——编者注

越来越多。这些人一生没有伴侣，她们今后要面临哪些问题？本文结合独身者不断增加的背景，设想这些人未来的生活方式。我认为提前思考这些很有必要，因为自己今后也可能面临同样的问题。

2. 虽然想结婚

◎ 结婚的理由

我自己是想结婚的，理由有以下几方面：在我的认知里，结婚就是与伴侣一起构建新的家庭，这种行为受法律认可。此外，结婚还是不结婚要尊重个人的意愿。我不想在这里讨论哪个选择更好。毕竟并非所有人都认可“结婚 = 幸福”，也不是所有未婚者的人生都充满不幸。而且在这个价值多元化的时代，有伴侣却不结婚的模式并不罕见。

基于上述考虑，我依然想要结婚，主要原因有以下四点：①我想和某人一起共进晚餐；②我周围人对婚姻持肯定态度；③一旦发生意外，有人照应，会让我比较有安全感；④如果我真心喜欢一个人，我希望能和他在一起。这大概就是我想结婚的理由。

第一项“我想和某人一起共进晚餐”，其实就是我不想在吃饭时感到孤单。我一个人生活已经快八年了。开始独居半年后，我就经常在想一件事——如果身边有人一起吃饭，食物会变得更加美味；而一个人吃饭时，食物也变得索然无味。江国香织的小说《东京塔》中，女主人公诗史就说过类似的话，让我非常有共鸣。

第二项是我周围的人对婚姻的态度。我是在和父亲讨论 2020 年东京奥运会时察觉到这一点的。那时父亲忽然说：“2020 年万纯就 26 岁了啊。可能已经结婚了吧。”当时我还在读大学，连工作都没确定，更没想过自己的婚姻，被父亲的这番话吓了一跳。不过仔细想来，我的父母就是在他们 26 岁时结婚的。这就不难理解，为什么他会认为自己的女儿也可能在这个年龄结婚。有这样想法的人不在少数，他们按照自己的经验推测儿女的婚姻。我身边就有很多这样的例子，他们觉得结婚再正常不过了，毕竟自己就是这么走过来的。事实上，不仅我父亲，就连我祖母也暗示过我结婚。他们认为结婚是理所当然，自然也希望我步入婚姻殿堂。在这样的家庭里，如果我到了 50 岁还没结婚，他们又该作何反应？我大概能想象得出。

第三项是万一发生什么意外，有人照顾，会让我比较有安全感。我亲身体会过，发高烧时有人在身边陪着，是多么幸福。有一次我高烧不退，浑身乏力、腰酸背痛，只能吃流食。可我连出门买食物的力气都没有。当时，我的男朋友买了一大堆东西来我家。那一瞬间，我仿佛看到了救世主。后来他又在我的要求下出门买这买那。有些任性的要求只能对亲密之人开口。一想到身边有这样的人，自己的期待能够得到回应，我就会比较安心。

最后是想和喜欢的人在一起。虽然听上去像少女的幻想，但我确实向往这种简单的感情。

虽然上述四点中，即便不结婚，有人生伴侣也可以做到①、③、④，但②必须经过结婚这一法定程序。

◎ 25% 的障碍

上文谈到了我向往婚姻以及想要结婚的理由。然而如前所述，我依然需要面对“25% 的障碍”（准确来说是 24.7%）。

据预测，今后约有四分之一的女性将在 50 岁时未婚，这绝不是一个小数字。所以即便我想结婚，未来也可能被划入 25% 的行列。如果我这辈子没能遇到合适的伴侣，最终没能步入婚姻殿堂，我的人生又会是怎样的呢？

或许有人会说：“想那么多干什么，到时候总有办法。”但在我看来，没想好目的地就踏上人生旅程实在有些鲁莽。事实上，即便是那些主张“车到山前必有路”的人，也会下意识地朝着自己认为理想的方向前进，而非完全听天由命。所以无论结婚与否，都应该提前规划，想一想今后自己可能会遇到哪些问题，应如何应对，以及如何获得幸福。

我吹长号已经 10 年了。每当演奏乐曲时，我都会提前在脑海中想象：这个声音很圆润，所以要用这样的气息。如果少了这一步，吹出来的音就有气无力。想象训练的重要性不仅体现在乐器演奏上，同样适用于人生。真当问题发生时，有没有提前规划，反应也是不一样的吧。仅此一次的人生，每个人都想获得幸福。正因如此，如果决定要做一名独身者，还是应该提前思考今后将会遇到怎样的问题。

3. 摆在独身女性面前的问题

◎ 独身者人生的转折点

如果将独身者的一生划分成两个阶段，那么转折点就是退休吧。我这里讨论的是一个人在一家企业工作到退休的情况，因为对于这些人来说，不论是健康状况还是收入，退休前后都有较大差别。

通常情况下，在转折点的前一阶段，也就是从入职到退休的这段时间，相较于退休后，独身女性的身体相对健康，如果职业稳定，也有一定的收入。在这一时期，假如她们没有遇到合适的伴侣，也没有结婚，或许会感到孤独。因为身边还有 75% 的已婚女性，正所谓“邻家的草坪更绿”。不过反过来说，这 75% 的女性也可能会羡慕她们，“独身者有自己无法拥有的东西”。不过这都取决于个人的价值观，很难一概而论。就我而言，我应该会感到孤独吧。为了转移注意力，我也许会一门心思投入工作，或者养一只宠物，又或者催眠自己“我只喜欢冈田准一[①]，绝对不会背叛他！”

那么转折点的后一阶段，独身女性退休后的生活又会如何呢？她们的行动大多不如之前灵活，收入也有所减少。这一时期，独身女性可能要面对以下三个课题：金钱，介护[②]，终活[③]。

她们周围或许有不少志同道合的朋友，聚在一起聊天时，话题一定离不开“听说你退休了？现在收入怎么样？”“我最近有点老糊涂了，

---

① 日本男演员、歌手，出演过《东京塔》等作品。

② 为老人提供日常生活、家务劳动、健康管理、社会活动等方面的帮助。

③ 是“临终活动”的缩写，指的是为迎接生命终结做的准备活动，如安排葬礼或起草遗嘱等。

是不是该请人照顾了？”“我这段时间在准备后事了。那个谁不是也说了嘛。”诸如此类的话题。虽然在这个问题上，不能说先下手为强，但在我看来，提前规划才能有备无患。

◎ 非婚女性的课题——金钱

当人们的平均年龄达到 90 岁时，我们必须直面一个问题——退休后的人生也会变得更加漫长。只要在社会上生存，钱就是必不可少的。对于没有伴侣、没有子女的独身者来说，真到用钱的时候，大概率只能依靠自己的积蓄。所以我们应该提前了解，退休后如何获得收入。

独身女性退休后的收入来源大致有三种：公共年金[①]、非劳动所得与劳动所得。其中，公共年金大概是晚年收入的主要来源。虽然出生日期不同，存在个体差异，但通常来说，人们 65

①“年金”即“养老金”。日本的公共年金（日文“公的年金”）包括国民年金和厚生年金。国民年金，是面向所有在日本居住的 20 岁以上 60 岁以下的居民，是无论国籍都必须加入的基础年金；厚生年金，是专门面向公司职员和公务员的年金制度。

岁后可以领取年金，金额取决于加入年金的种类及缴纳年限。自营、自由职业者可以领取“国民年金”，公司员工还可以领取“厚生年金”。前者平均每月 5.5 万日元（国民年金），后者（根据厚生年金保险第 1 号）平均每月 14.8 万日元（国民年金 + 厚生年金）（数据截至 2016 年）。

公共年金是终身年金，可以终身领取。然而考虑到日本少子高龄化问题日益严重，可以预测到，今后年金会越来越少。所以还应作好心理准备，未来领取到的年金会比上述金额少。

晚年收入的第二种是非劳动所得，包括储蓄、债券等的利息收入，通过股票、信托基金等途径获得的分红、售股收入，以及租赁房屋获得的收入。不过想要获得此类收入，就必须在年轻时做好储蓄计划，购买股票，拥有自己住宅以外的不动产。这笔钱不是所有人都能拿到的。

第三种收入是劳动所得。退休后再次就业，同样可以获得报酬。老年人再就业的好处有很多，除了带来经济上的收益，还能防止身心衰老、稳定情绪，多与外界交往也能减少孤独感。

或许一些老年人有足够的积蓄和收入，不必重新工作。但在我看来，从找回生活动力的角度来说，退休后再次就业其实是个不错的选择。常言道："工作即人生。"工作能激起人们活下去的欲望。此外，老年人还可以尝试创业。国家一直鼓励老年人创业，日本政策金融机构——日本政策金融公库①也推出了"女性、年轻人/年长者企业家支援资金"。你可以在一个全新的环境里发挥几十年来积累的经验，大显身手，还不用看别人脸色，愉快地度过余生。如此看来，即便选择独身，退休后也总有办法获得收入。

◎ 非婚女性的课题——介护

不过，前文讨论的都是在身体健康的前提下。当一个人有一天开始行动不便，就必须支付日常生活之外的费用。那么接下来，我们来看看

---

① 日本政策金融公库（Japan Finance Corporation，JFC），政策性金融机构，旨在对传统金融机构提供的服务进行补充，完善整个国家的金融服务体系。业务主要包括国民生活事业板块、中小企业事业板块等几个方面。

与“介护”有关的各种问题。

如果有伴侣或者子女，等需要别人照顾时，就可以拜托他们。但对于独身者来说，这个方法行不通。找谁来照顾、要花多少钱，都是自己决定的。一旦身体不听使唤或者出现了认知障碍，就更加难以应对上述问题了。所以不如趁早了解相关事宜，如支出费用、需要做哪些心理准备以及所谓的“2030 年问题”。

先问大家一个问题：你觉得介护需要花多少钱?

2012 年，生命保险文化中心在全国范围内对 4000 人进行调查。结果显示，人们普遍认为如果家里有人需要照顾，平均要花 3285 万日元。在被问及“你认为需要照顾多长时间”时，答案是平均 14 年 1 个月。这是大多数人对介护的预想。

事实上，就在同一年，实际经历过介护的人也收到了相同的问卷，结果引人深思。这些人表示，实际支出费用约为 526 万日元。临时支出费用约为 91 万日元，平均每个月支付 7.7 万日元。至于多长时间，答案是平均 4 年 9 个月。也就是说，不论是支出费用还是时间，实际都比预想少得多。

那么，为什么两者之间存在如此大的差距？经济记者荻原博子认为："因为很多人并不了解介护保险。"上述调查是在 2012 年进行的，距今已有一段时间。或许在此期间，人们对这项制度有了更深入的了解。但总而言之，合理利用介护保险，可以一定程度上减轻经济负担。2000 年，日本老年人的比例上升至 17.3%，政府推出了"介护保险制度"。超过 40 岁即可参保，按时缴纳保险费，有需要时便可享受介护服务[①]。虽然情况不同，存在一定限额，但通常来说，个人只需支付 10%—20% 的费用。对于没有也不能依赖家人的独居者而言，提前了解上述制度无疑是有好处的。

而想要享受这项保险，必须先进行介护认定[②]。认定结果按需要介护服务的程度，从低到

① 根据老年人的状况和需求，提供各种照护服务，如日常生活援助、医疗护理、康复训练等。

② 经过特定的评估程序，确定老年人是否符合接受介护保险的条件。

高分为 7 个等级，分别是：要支援[1]1—2，要介护[2]1—5。使用者可以根据自身等级，相对便宜地享受服务。比如要介护 1 指的是日常生活相对受限的老年人，他们只需支付 10%—20% 的费用，就可享受每月最高 16.692 万日元的服务。虽然存在个体差异，但介护保险制度确实可以减轻人们的经济负担，避免陷入经济困境。

在这里，我还想和大家讨论另一个与介护有关的问题，那就是介护行业所谓的“2030 年问题”。据说到 2030 年时，日本 65 岁以上的人口比例将超过 30%，由于医院床位不足等原因，届时将有 50 万人得不到满意的治疗，甚至找不到一个地方让他们走完人生的最后一程。如果真的到了这一步，人们又该在哪里迎接死亡呢？

为了解决这一迫在眉睫的问题，政府又出台了一系列政策，完善“在宅医疗”（在患者

---

① 针对日常生活能力较弱的老年人，提供更多的照护保险金和介护预防服务。（为了预防老年人失能而提供的照护服务，如体力锻炼、认知训练等。）

② 针对日常生活能力严重受限的老年人，提供高级别的照护保险金和介护服务。

家进行治疗）[①] 制度。成立于 2010 年的“You—home clinic”就是一个例子。这家诊所专门从事在宅医疗服务，配备多名专业医生，365 天 24 小时待命，可以随时前往患者身边。2012 年厚生劳动省发布的“在宅医疗的最新动向”显示，2025 年预计有 29 万人需要在宅医疗服务。与此同时，2006 年至 2010 年，有 3000 家诊所申请提供在宅疗养支援服务。2008 年至 2010 年，也有 300 家医院申请提供在宅疗养支援服务。这些数据显示，随着人们对这项业务需求的增加，提供相应服务的医疗机构也越来越多。

像这样，人们可以通过新的形式接受治疗，无疑增强了我们对未来的信心。但值得注意的是，这类机构目前还未覆盖所有地区。如何消除地区差异，也是人们今后需要解决的问题。

◎ 非婚女性的课题——终活

最后我想和大家聊一聊独身女性在面对死

① 指对于那些去医院比较困难的患者，医生、护士、药剂师等去其家中为其进行诊断治疗。

亡时应该留心什么。

死亡是每个人的必经之路，谁都无法逃避。当我走完90年的漫长人生，也会被上帝召唤去天堂吧。假如我终身未婚，没有伴侣也没有孩子，那么谁来替我处理后事呢？因为我是独生女，没有兄弟姐妹，和亲戚们的关系也没那么好。让他们替我处理后事多少有些不好意思，我也不想在生命的最后阶段麻烦其他人。如此一来，只能自己为自己的死亡作好准备了。呜呼，一个连工作都没找好的女大学生竟然在考虑后事！[①]（现在是2015年。）

那么，为了能体面地迎接死亡，我认为要提前思考以下三个问题：监护人[②]、身份保证人、葬礼。

首先是监护人。根据日本的“成年监护制度”[③]，独身者可以选定自己的监护人。成年监护制度始于2000年，与同年出台的介护保险制度

① 原文“工作”和“后事”分别对应“就活”“终活”，两个词读音相同。

② 日文“後見人”，即在背后看护、照顾、监护的意思。

③ 指为保护痴呆症患者、智障者、精神障碍者、自闭症患者、因脑损伤或脑疾患导致的脑机能障碍者等丧失或部分丧失判断能力者的合法权益，设立成年监护人以弥补其行为能力不足的制度。

相辅相成。[①] 监护人可以为丧失（部分）判断能力的认知障碍、智力障碍、精神障碍者提供帮助。这项制度又分成两大类：一是“法定监护制度”，用于帮助那些已经丧失判断能力的人；二是“任意监护制度”，在当事人还未丧失判断能力时，提前签订合同，确定今后的监护人，规定需要帮助的内容[②]。如果条件允许，我希望大家可以依据任意监护制度事先选定监护人，为以后体面地离世作好准备。监护人不局限于自己的亲属，也可以是司法书士[③]、NPO 团体[④] 或者朋友。只要是你信任的一方，你都可以与之签订任意监护合同。监护人的主要工作包括财产管理、身上监护（帮助被监护人处理介护合同、入住介护机构时的入院合同等与生活、疗养相关的手续）等。如果事先确定好监护人，即便自己出现了认

① 两项制度都开始于 2000 年，旨在为老年人的生活提供帮助。

② 通常包括将来在生活、疗养方面的安排；金钱的使用方式；给监护人的报酬；监护人的权限等。

③ 主要负责不动产登记、成立公司的法人登记等业务，还可以承接法律顾问、裁判顾问等工作。

④NPO（Non-Profit Organization），从事各种非营利活动的社会组织。

知等方面的障碍，也不用慌张，因为有人帮忙办理银行手续、出售不动产。

其次是身份保证人。在日本，住院、做手术、入住福利机构或者签订房屋租赁合同时，都需要身份保证人。它在求职过程中也发挥着重要的作用，我相信大多数人都清楚这一点。但对于独身者来说，能否在晚年找到身份保证人是一大问题。身份保证人不仅需要做经济上的担保，如果委托人在医院去世，他还要负责接收遗体。然而独身者身边很可能没有合适的人选。

这时除了拜托亲朋好友，还有一些 NPO 团体可供我们选择。一些机构会提供相关服务——只需提前联系他们，和他们确认金钱、合同方面的内容，这些机构就能充当我们的身份保证人。

最后就是葬礼的问题。自己去世后，葬礼该怎么办？这时也可以找一些 NPO 团体帮忙。只要事先写好“公正证书遗言”[①] 并支付一定费

① 有至少 2 名公证人在场签订的遗嘱。

用，他们就会帮忙处理葬礼相关事宜，如火化、葬礼、运送遗骨、通知亲友等。此外，你还可以提前联系遗物整理师，拜托他们整理遗物。当自己的生命即将走向尽头，周围的好友也差不多到了相同的年纪。如果将后事一股脑交给这些几十年的老友，不仅不负责，对他们来说也是一种负担。而且就算开了这个口，你心里也会过意不去吧。再极端一点，如果到了那个时候，你想找人帮忙，却没一个人答应，那就更可悲了。

和金钱、介护问题相比，后事办理得如何不会对自身产生影响。但假如一个人完全不考虑这些，“独身者”一词就意味着社会层面的孤立。独身者大概率一生没有伴侣和孩子，然而这并不代表他完全与社会脱节。要是到了人生最后一程，还能珍视人与人之间的缘分，不是更加幸福吗？倘若离世时真的成为字面含义的独身者，过往几十年的人生就太可惜了。为了给自己的生命画上一个完满的句号，为了感谢生命里的有缘人，也要认真面对和处理死后问题。

◎ 尾声

正如我前文中写到的，我一直想要一个伴侣，向往婚姻。在我看来，如果能找到合适的伴侣，与之结婚，会更容易解决独身者需要面临的金钱、介护、终活问题。而且考虑到漫长的人生，有人为伴，大概会更加快乐吧。

不过，也正如我在本章后半部分写到的，即使一个人没有伴侣、不结婚，也有办法解决上述问题。比如我刚才列举的几项理由，生病时希望有人照顾。现如今，就算没有亲朋好友，也有一些机构为老年人提供介护服务。对于独身者而言，这都不再是无法攻克的难题。而且就算不选择前文推荐的方法，独身者也有其他办法。比如，我想和谁一起吃饭，这个人不一定是伴侣，也可以是朋友。想和喜欢的人在一起，那就找一些志同道合的伙伴嘛。至于来自周围人的结婚压力，我觉得可以交给时间。如此想来，就算我一辈子不结婚，今后的人生似乎也没想象中那么困难。

能否找到合适的人生伴侣？是否选择步入

婚姻殿堂？都是个人选择，更是缘分决定的。比起选择什么，我认为更重要的是对国家今后的变化保持敏感。把握社会的发展脉络，而不是被这些变化弄得措手不及。换言之，要踏着时代的浪潮，享受自己的人生。

◎ 引用、参考文献

① 国立社会保障和人口问题研究所 . 日本将来推测人口 . 厚生统计协会，2018.

② 厚生劳动省 . 平成二十八年简易生命表 . 厚生统计协会，2017.

③ 江国香织 . 东京塔 . 新潮文库，2006.

④All About. 独身者晚年能工作就工作，尽量多获得收入！. http://allabout.co.jp/gm/gc/442968/.

⑤ 朝日新闻 Digital.“介护费用”究竟需要多少？ http://www.asahi.com/and_M/living/SDI-2014102282161.html.

⑥ 东京电视台 . 寒武纪宫殿 . 拯救日本超高龄社会！不寻常的经历挑战医疗改革！. 2014-3-6.

⑦ 上野千鹤子 . 独居者的晚年 . 文艺春秋，

2011.

⑧ 松原惇子 . 一个人的死亡 . 河出书房新社，2010.

⑨ 儿岛明日美，村山澄江 . 从今天开始成为成年人 . 自由国民社，2013.

⑩ 厚生劳动省 . 平成二十九年厚生劳动白皮书 . 2017.

6

婚姻正在走向多样化？

——后妻业[1]、伴侣关系、非婚生子女

汤本彩花

“二战”后，“男性从事正式雇佣工作＋女性作为家庭主妇＋子女”的典型婚姻模式让日本经济得到飞速发展，然而这一模式如今正在面临瓦解。和过去相比，人们愈发难以期待经济上的稳定，自然也难以延续上一代人的生活模式。我们该如何定位婚姻？或许是时候思考这个问题了。本章聚焦当下婚姻制度中的三个方面：中老年人的经济实力、非婚伴侣制度及非婚生子女。这是讨论未来婚姻问题的前提，供大家参考。

---

① 日文“後妻業”，指通过与年长、富有的男性结婚，成为其后妻（也有不登记结婚的情况），在男性去世后合法占有其财产的行为。

1. 后妻业——经济实力是最重要的!

◎ 年长的男性充满魅力?

2012 年 9 月 17 日，AERA 杂志刊登了一篇题为《未婚时代的“老夫少妻”》的文章，其中有这样一段话：

> 由于缺乏经济上的稳定，年轻人面对婚姻犹豫不决。他们更向往“安心、轻松、触手可及”的生活。其背后反映出多元的价值观。
>
> 人们不结婚的主要原因在于：年轻人的职业和经济基础不稳定。

年轻人为什么会对婚姻犹豫不决？这篇文章给出的答案是：缺乏经济上的稳定。不少年轻女性向往年长的男性，是因为对方可以给她带来精神和经济上的支持。我在写这篇文章时，正面临求职，非常理解一些女性的想法：她们认为阅历丰富、有经济实力且值得尊敬的年长男性充满魅力。

然而，如果和这类男性交往、结婚，就必须考虑一个问题——晚年生活。即便你满意现在恩爱的夫妻生活，由于存在年龄差，早晚有一天，你的丈夫会离你而去。这时你就可能需要面对第二次、第三次婚姻。由于人们的平均寿命不断增长，据内阁府《平成二十八年高龄社会白皮书》预测，2060 年女性的平均寿命将会超过 90 岁。到了那个时候，我已退休，丈夫也先我而去，不知道能不能领到足够的养老金……这样的我们能拥有幸福的晚年生活吗？或者说，我们该怎么活下去……想到这些，我不由得发出“我不想活那么久”的感慨。

◎ 职业妻子“后妻业”

直木奖获奖作家黑川博行在作品《后妻业》中描述了一种以老年人财产为目标的犯罪。2014 年 11 月，一起发生在大阪府、兵库县震惊全日本的真实案件让人们不由得联想起这部作品。警方逮捕了一名用氰化物杀害前夫的女性。这名女性在第一任丈夫离世后，多次通过婚姻介绍所认识其他男性，这些男性中有的和她登记结婚、有的没有。不过每任丈夫都会被要求写下公证遗嘱。据说该女性获得了高达 8 亿日元的遗产。这起案件也让人们知道了“后妻业”——女性利用未亡人的身份赚取金钱。

关于“后妻业”，《日经 WOMAN online》在 2015 年 1 月的报道中写道：“找一个富有的男性，全身心照顾他直到其去世，然后获得遗产作为回报。这是日本女性一直以来的‘生计’，没什么特别的。但如果将其视为一种‘职业’，专门从事这项工作，就成了‘后妻业’。”该职业利用了女性比男性长寿的优势，随着女性的平均寿命进一步增加，今后从事这项工作的女性可能越来越多。过去，家庭主妇们全心全意支持自己的丈夫，履行主妇职责，在丈夫去世后，靠他的遗产维持生计，直到 80 岁去世前，都可以相对经济自由地生活。她们是人生赢家。然而，对于我们这些出生在平成年代[①]的人来说，仅靠自己的养

① 平成是日本天皇明仁的年号，指的是 1989 年 1 月 8 日起至 2019 年 4 月 30 日的这段时间。

老金和丈夫的遗产或许很难度过 90 年人生。如此想来，“后妻业”以后可能会成为不少女性近在咫尺的工作。等待我们的就是这样的未来。

2013 年，提供婚恋交友服务的网站 IBJ 对 692 名未婚男女进行问卷调查，结果显示：有 16.2% 的女性希望男友具备一定经济实力，而要求女友有经济实力的男性仅有 0.3%。即便放在女性工作已非常普遍的今天，女性对恋人经济实力的重视程度依然远超男性。立志成为全职主妇的女性自不必说，就连婚后打算继续工作的女性，为了确保晚年有足够的资金，也希望能和比自己经济实力强的男性结婚。如果这种愿望无法实现或以失败告终，老年婚恋活动、“后妻业”可能会离我们的生活更近吧。

2. 婚姻之外的选择——学习法国的伴侣制度

◎ 为什么想结婚？

老实说，在写这篇文章前，我从没思考过这个问题。我理所当然地认为，想要过上理想中的美好生活，婚姻是必不可少的。深究原因，大概是：如果想构建自己的家庭，就必须结婚。正如父母结婚、有了我，才有了我们这个家一样，我今后也会结婚、生子，组建新的家庭。在我的同龄人中，或许很多人和我一样，模糊又笃定地这样认为。

然而，不论是婚姻这种契约，还是“结婚=构建家庭”这种日本人一直秉持的观念，或许都已经过时了。在日本，婚姻是唯一能从法律层面保障伴侣关系的制度。这是事实。不过近年来，越来越多西方国家出台新的政策，为人们提供法律保障——即便不结婚，也能与伴侣组建家庭。法国的民事互助契约[①]就是一个典型的例子。

1999年，法国设立民事互助契约机制，简称“PACS”。这是一项共同生活契约，签订双方可以是异性，也可以是同性。只要两人有共同生活的打算，就可以自行规定生活的方方面面及财产分配问题，并将其写入合同。PACS的申请需要在

① 法国于1999年设立的除婚姻之外的另一种民事结合方式，赋予伴侣几乎等同于婚姻的权利。

法院进行，解除契约关系需单方或双方同意。换言之，这种契约关系介于日本的同居与婚姻之间。

正是因为有了这项制度，人们即便不结婚，也可以依照双方协商确定的契约，从社会及法律的层面得到身份与权利的保障。法国国家统计与经济研究所调查显示，截至 2015 年，PACS 的登记数量超过 18.8 万人，与 1999 年不足 6000 人相比，16 年间增长了约 30 倍。

在法国，一些伴侣将 PACS 视为日本的同居期。之后有人选择结婚，但也有很多人选择不婚，保持 PACS 的关系生儿育女。与之相对的，日本的初婚年龄与开始同居的年龄逐年上涨。其背后的原因大概是：日本依然将婚姻与家庭联系在一起，缺乏为不婚伴侣提供生活保障、支持的法律。此外，大多数日本人还将婚姻与同居混为一谈。

独协大学名誉教授井上隆子在谈到将 PACS 制度导入日本的意义时，表示：“‘日本式PACS’可能会让日本从独身社会转向伴侣社会。”如今，随着越来越多女性走入社会，人们对婚姻的理解也愈发多元化。但事实上，包括我在内的大多数年轻女性眼中只有两种选择：结婚或者单身。我不想孤独终老，早晚会向往婚姻，想有自己的孩子。但在此之前，我也想努力工作，想赚钱，想有自己的时间。结婚是人生大事，有且只有一次，我希望能更慎重一些……婚姻合同背后的沉重与不安，或许会让一些人觉得“可能单身更轻松”，越来越多的年轻女性走上不婚之路。

在这样的背景下，如果有相对灵活的“试婚”选项，既尊重个人意愿，又能从社会和法律层面给予认可，人们可能更愿意寻找人生伴侣。在如今这个尊重个人意愿、追求多样化的时代，想要通过提倡婚姻来改善晚婚化、未婚化（导致出生率降低的一个因素），或许已经很难了。但我们可以学习法国的成功经验，为伴侣们提供婚姻之外的选项，制定相关保障制度。这或许才是增加伴侣数量、提高人们生育意愿的捷径。

3.“奉子成婚”——关于非婚生子女

近年来，西方国家相继施行伴侣制度，承

认婚姻关系之外的多元化伴侣关系、家庭形式，并为之提供保障。在我看来，随着时代的发展，或许在不远的将来，日本也会建立相关制度，认可多样化的家庭形式。不过，如果再回到“为什么想缔结婚姻契约”这个问题上，至少我的回答是：出于婚后孕育后代的考虑。

所谓“奉子成婚”，指的是原本没有结婚的男女因为女方怀孕或孩子出生而选择结婚。这一说法、现象与日本社会对“非婚生子女”（没有合法婚姻关系的男女所生的子女）的歧视及户籍制度根深蒂固的日本法律分不开关系。事实上，我自己也对“结婚的下一步就是孕育后代”这个观点深信不疑。如果颠倒顺序或者听说哪位女性不结婚却有孩子，也会稍微对她持负面印象。

不过，这一情况在 2013 年得到了改观。在此之前，《日本民法典》第 900 条第 4 号但书[①]规定，非婚生子女的继承额为婚内子女的二分之一。2013 年 9 月 4 日，日本最高法院裁定该规

① 日文“但書”，规定了一般原则的同时，也规定了例外情况的条款。

定违反宪法。根据这一裁定，同年 12 月《日本民法典》进行修改，最终承认非婚生子女在遗产继承方面享有和婚内子女相同的权利。一直致力于消除对非婚生子女歧视的田中澄子，在市川房枝[①]纪念会的会刊《女性展望》中，表达了最高法院的这一裁决给她带来的喜悦。她表示："废除非婚生子女在继承权方面的歧视性规定及在此基础上建立的出生登记制度、户籍关系制度，为消除对非婚生子女的歧视性法规打开了一扇新的大门。""一直以来，人们责备不结婚却有孩子的女性，说'你的孩子太可怜了''你应该结婚'或者'你不应该要这个孩子'。但从今往后，女性不必为了孩子放弃自己的想法。我们站在了新的起点上，结婚与否是女性自己决定的。"

日本最高法院裁定《日本民法典》第 900 条第 4 号但书违反宪法，原因之一是：人们已经明确地认识到，在家庭这一共同体中，每个个体都要得到尊重。一个人与伴侣共同生活，孕育子女

① 市川房枝（1893—1981 年），为男女平等、女性解放运动奉献一生的日本妇女运动家。

的幸福，并非只能通过婚姻这一种形式获得。相反，如果人们能与心爱之人相互尊重、幸福地抚养后代，也就不会选择奉子成婚或者为了孩子草率结婚。此外，当多样化的家庭形式（如“想要孩子的独身者”“想要孩子的同性伴侣”）能够得到社会及法律层面的支持，家庭也就不再有“普通”“不普通”之分，偏见和歧视也会随之减少吧。

对于国家而言，认可多样化的婚姻、消除对非婚生子女的歧视也能提高出生率。比如，同样存在晚婚化现象的法国和瑞典，在西方国家中却有着较高的生育率，这是因为他们认可多样化的伴侣制度及家庭形式，非婚生子女的比例都超过了 50%。2013 年日本最高法院对《日本民法典》第 900 条第 4 号违宪的裁定，或许也是从法律上认可了人们对婚姻问题的不同看法，是迈向婚姻观多元化的重要一步。

◎ 引用、参考文献

① 女性展望 . 市川房枝纪念会 . 2013-11/12

月号 .

② 日经 WOMAN online.【新 · 抚子培训讲座】从职业女性到后妻业——“普通女性的幸福”变得职业化的理由——实现“依赖男性的女性事业”的高难度 . http://wol.nikkeibp.co.jp/article/column/20150116/198501/?P=3&ST=life&n_cid=nbpwol_else.

③ 日经 WOMAN online.【热门（生活）】你在寻找恋人时最优先考虑什么？. http://wol.nikkeibp.co.jp/article/trend/20131007/163401/.

④AERA dot. Dot. 关西连环“后妻业”事件嫌疑人千佐子让丈夫们写下的公证遗嘱 . 周刊朝日 . http://dot.asahi.com/news/incident/2014120300080.html?relLink=INSEE & Ministère la Justice et des Libertiès org3L <Institut National de la Statistique et des Études Économiques “Évolution du nombre de mariages et de pacs conclus jusqu’en 2014. http://www.insee.fr/fr/themes/tableau.asp?ref_id=NATTEF02327>.

⑤ 第一生命经济研究所 . 结婚与分娩的国际

比较——从 5 国调查看日本少子化的特征 . http://group.dai-ichi-life.co.jp/dlri/ldi/note/notes1110a.pdf.

⑥ 井上 takako. 为何法国女性不结婚却生育?. 劲草书房，2012.

⑦ 内阁府官网 . 平成二十八年高龄社会白皮书 .

⑧ 杉浦郁子 . 伴侣制度 · 生活与制度——结婚、事实婚姻、同性婚姻 . 绿风出版社，2007.

⑨ 法务省 . 民法典的部分条款予以修改 . http://www.moj.go.jp/MINJI/minji07_00143.html.

7

不擅长恋爱的人越来越多了？
——关于无法结婚

冈部帆乃香

现如今，越来越多的日本人选择晚婚或者压根不结婚。然而，这并不意味着这些人都是自愿选择不结婚的。本章首先列举了人们无法结婚的理由，然后以相对轻松的方式探讨我们在面对恋爱、婚姻时应该保持的态度，最后结合笔者自身的体验与感受，就恋爱、婚姻问题提出切实建议。

1. 不断变化的现代婚恋观

◎ 关于恋爱的无边烦恼

我读了 7 年女子学校。因为初中时讨厌男生，高中时便选择了女子学校，后来考上女子大学，每天都听朋友们讲她们的恋爱故事。这是我作为女性的经历。也许是出于对女校的刻板印象，我大三秋天去一家公司实习时，被一个同龄男生喊过“大小姐”。但事实并非如此。我就是一名普通的女学生，女子学校的朋友们也大多和我一样。我们过着普通的学生生活：喜欢杰尼斯[①]的同学会将偶像的照片藏在书桌里，参加社团活动的同学也会被老师严格要求。

女子学校只有一点和男女混校不同，就是我们没有机会接触男生这一异文化。不过这也意味着学校里几乎没有恋爱纠纷，进而让我觉得“我们各有不同，我们同样精彩”。女校的生活很自由，女生们可以不受性别限制畅所欲言，也可以在体育课上尽情挥洒汗水。

我高中毕业后，考上女子大学，听到了更

---

① 杰尼斯，即杰尼斯事务所，世界知名的演员公司——Johnnys 公司的简称。公司旗下艺人很多，有木村拓哉、泷泽秀明、龟梨和也等。2023 年 10 月 2 日，杰尼斯宣布解体。——编者注

多关于恋爱的话题。这让我不禁思考，自己为什么选择女校。我之所以讨厌男生，是因为曾经被他们欺负过。但这并不是生活的全部，换言之，接触男性这一异文化，有时也会让我产生新的思考。在逐渐明白这一点后，曾经讨厌和人打交道的我也开始喜欢接触他人。如今，朋友们常常找我倾诉恋爱烦恼。

“比我大几岁的男友总把我当小孩子”“他想和另一个女生约会”“我不知道要不要和现在的男友结婚”“根本没有新的邂逅”……朋友们有无边的烦恼。在倾听的过程中，我意识到无论哪个阶段，从人生规划到恋爱，从恋爱到结婚，人们都应考虑这一时期自己该具备怎样的心态。

你是一位期待白马王子出现的少女，还是一位始终沉迷工作的少年？你或许懒得与异性交往，又或者正在经历感情挫折？

然而随着社会的发展、性别观念的变化，这一过程不断受到冲击。在本章中，笔者尝试分析恋爱观、婚姻观的变化情况及当下年轻人的性别观念。因为讨论的是现代恋爱与结婚，所以难免落俗，还请大家见谅。没有什么比恋爱更能暴露一个人的情感。在我看来，恋爱的乐趣就在于了解真实的自己并与另一个人心意相通。另外，由于本文涉及男女这一敏感话题，个别文字或表述可能会让一些读者感到不适，但我依然希望各位读者能在阅读的过程中获得乐趣与思考。

◎ 如今的婚姻——未婚化、晚婚化

我们先来看一看如今的婚姻状况。根据日本总务省的人口普查数据，2015 年 25—29 岁的女性未婚率达 61.3%。也就是说，5 名女性中有 3 名没有结婚。另一方面，同一年龄段的男性未婚率达 72.7%，也就是说，10 名男性中有 7 名没有结婚。与此同时，日本的平均结婚年龄不断攀升。

社会学家山田昌弘认为，随着自由恋爱的普及，越来越多的年轻人将恋爱与婚姻分别看待，是他们不结婚的原因之一。1991 年，有 45% 的学生认为“恋爱之后结婚非常普遍”，到了 1997 年，70% 以上的学生则认为“谈恋爱不一定要结婚”（山田昌弘 . 迷走家族 . 2005）。自

由恋爱给人们带来两种选择：想要结婚或者不想结婚。

此外，山田还认为，现代家庭目标的丧失是导致传统婚姻观念崩溃的另一个原因。“二战”前，日本推崇家族制度，社会与个人的价值观都是围绕“家业＝家[1]”这一中心形成的。很多时候一家人共同经营某种产业，以维持家族稳定（尽管当时人们的平均寿命较短，而且由于子女的存活率较低，离婚率相对较高）。到了“二战”后，日本进入经济高速增长时期，“拥有自己的房子、收入上涨、子女受到良好教育”成了幸福的标准。为了实现这个目标，社会出现了高效率的角色分工：男性外出工作，女性照顾家庭。

然而随着经济增长力量的衰弱，这一理论逐渐崩溃。可以说，当今日本家庭正站在十字路口上。在我看来，社会制度跟不上不断变化的婚恋观，也是导致事态愈发复杂的因素之一，进而

① 这里的“家”不同于今天只有父母和未婚子女的核心家庭。家是家长统帅之下的社会组织，财产为家庭集体所有，一家人共同经营某种产业，以达到家族繁荣的目的。

引发未婚化、晚婚化和少子化。

2. 给“无法结婚”开处方

◎ 男女“无法结婚”的理由

前文中，我们从数据统计和社会变化的角度了解了男女无法结婚的理由。那么接下来，我们就一起听听当下年轻人们的心声。记者白河桃子将男女无法结婚的真实声音归纳如下：

男女无法结婚的理由	
女性的声音	**男性的声音**
1 身边没有优秀的男性	1 喜欢的女性都很难追，我总被拒绝
2 在我看来优秀的男性都不是单身	2 我不敢和女性搭讪
3 虽然有恋人，但无法下定决心结婚	3 虽然有恋人，但无法下定决心结婚

（山田昌弘，白河桃子．“婚活”时代．2008.）

不论男女，前两项都是“无法恋爱”的理

由，第三项则是“不知道是否该结婚”的理由。我们先来帮女性寻找解决办法。

理由1：“身边没有优秀的男性”。是身边缺乏男性，还是没有符合条件的男性？情况不同，处理方式也不同。如果是前者，我建议秉持“既然身边没有，那就去寻找”的原则，合理使用婚恋网站或者积极参与面向社会人士的兴趣社团。也许有人会对此感到惊讶——“什么？婚恋交友活动！还是互联网上的！”但在我看来，参加婚恋活动不必感到自责。邂逅也是需要主动出击的。恋爱虽然有时会给人带来烦恼，但也能丰富我们的生活。如果你重视身边的异性，同时期待新的机遇，就鼓起勇气吧。为了认识更多的人，迈出勇敢的一步——你值得为自己鼓掌。即便受伤，即便错过，依然不放弃——这样的你同样充满魅力。

如果是后者，“没有符合条件的男性”，那我觉得就太遗憾了。在恋爱关系中，你看重的是什么？外表？收入？还是性格？如果只是通过外表去判断一个人，实在有些愚蠢。和模特一样拥有好看外表的人终究是少数。你不必因为自己不够好看而感到焦虑，换言之，因为“不喜欢他的长相”而否定一个值得喜欢的人，也确实傲慢。此外，把收入水平看作结婚条件之一，也只会徒增烦恼。据厚生劳动省的数据，年薪500万日元以上的25—29岁男性只有0.4%（《平成二十四年薪资结构基本统计调查》）。也就是说，如果结婚时考虑对方的收入，那么门槛设置得越高，可选择范围就越窄。

至于女性无法结婚的第2项理由：“在我看来优秀的男性都不是单身”。虽然听起来有些伤人，但我还是要说，“那就放弃吧。”

恋爱是快乐的。幻想着无法企及的爱情也有一番独特的乐趣。但深陷幻想、不能自拔，只会让自己感到痛苦。即便和心仪的男性有婚外情，我也不觉得那是一种幸福。相反，你身边真的没有其他优秀异性吗？与其浪费自己的时间，只关注那一个人，不如多关注其他优秀的人。

男性无法结婚的第2项理由：“我不敢和女性搭讪”。对此，我给出的建议是：拿出你的自信心，鼓起勇气、主动和对方说话，才是一切的开始。如果她只和你见过一两面，没聊多久就放弃了，或者对你态度冷淡，只能说明对方没有耐心。当然，在聊天的过程中，让对方感受到你的真心也很重要。不要总抱怨日常生活，也不要一个劲儿唠叨或者一言不发。不论你的学历如何，也不论你曾经有过怎样的经历，你的价值都取决于你见到她的那一刻，你看着她的眼睛说了什么。工作也好，兴趣也好，你一直以来的努力会让你变得更加耀眼。请不要过于小瞧自己。

◎ 如果你不知道是否要结婚

接下来，我们再来看看男女无法结婚的第 3 项理由："虽然有恋人，但无法下定决心结婚"。这种情况在我看来很常见。就拿我的朋友 A 和 B 来举例吧。A 是我的同学，有一个交往了一年的男朋友。据她本人介绍，两人基本在公园约会，每周联系 1—2 次，至今还保持联系。我问她："你们打算结婚吗？"她说："虽然我在考虑，但他似乎没有这个打算。"

B 有一个交往了两年的同龄男友。他们相识于某个社团，交往后不久便住进同一间公寓。不过他们现在正面临分手危机。B 告诉我，因为要找工作了，她男朋友想搬出去住，说是一个人可以更好地规划未来。我不是不能理解男生的想法：在同一个屋檐下，很难有自己的时间和空间。而且他们都共同生活两年了，也需要给彼此一点空间，为今后做打算。

然而，她男朋友还说："你是我交往的第一个女生。我想先和你分手，和其他女生交往试试看。"嗯……这就很可疑了。或许有读者会说："男生嘛，不都这样？"但我希望大家明白，分手时说"我已经厌烦了"和"我渐渐感受不到你的魅力了"是有区别的！恋爱不是一场游戏，比的不是和异性交往的次数。

虽然上述内容都出自女生之口，我也想听听男生的说法。但总而言之，就算谈了恋爱，也会面临各种问题，想要直接步入婚姻殿堂并不容易。

不过话说回来，我认为也没必要将"结婚"二字看得过于沉重。结婚本身并不复杂，将申请书交给相关部门，就足以证明这两人结婚了。真正需要考虑的是结婚以后的生活：孩子出生后怎么办？丈夫被派去海外工作怎么办？房子问题怎么解决？这样的问题还有很多。

但也不要过于焦虑还没有到来的未来，这一点很重要。结婚有很多种形式，比如事实婚姻、分居婚姻。两个人在保持自我的同时，以“伴侣”的形式走完人生，也是一件很美好的事。

说句题外话，我认为男女之间存在友谊。因为我相信，即便不把对方视为恋爱对象，也可以尊重他（她）的为人。说得再极端一些，积极结婚的人离婚时也会更加洒脱吧。在我看来，能够坦诚面对彼此的人生，才能体现出一个人的真正价值。

◎ 全职主妇的风险

近年来，随着女性社会参与度逐年提高，越来越多女性选择综合岗，夫妻双方共同工作的家庭也不在少数。与此同时，政府鼓励企业增设女性管理层。然而，或许有人会说：“不是很多女孩想当全职主妇吗？”这的确是事实。据2012年的调查数据（内阁府《平成二十四年度关于男女共同参与社会的民意调查》）显示，在20—29岁的女性中，有43.7%的人赞成“丈夫主外，妻子主内”。与之相对，有41.6%的30—49岁（育儿的主力军）女性和40.8%的50—59岁女性赞成这一观点。年轻女孩的比例最高（图1）。

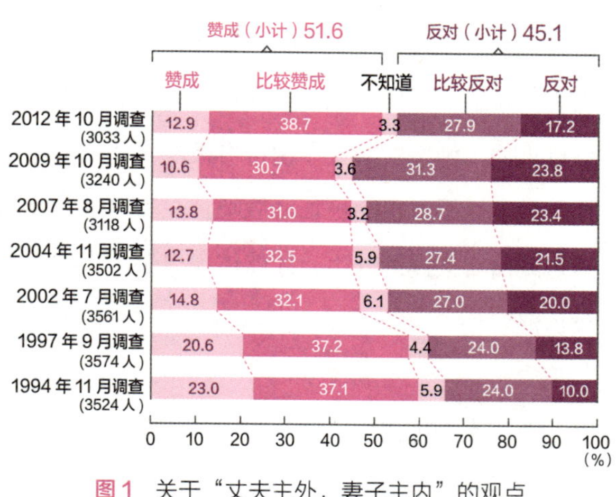

图1　关于“丈夫主外，妻子主内”的观点

白河桃子在《想要成为全职主妇的女性们》一书中指出了同样的问题。

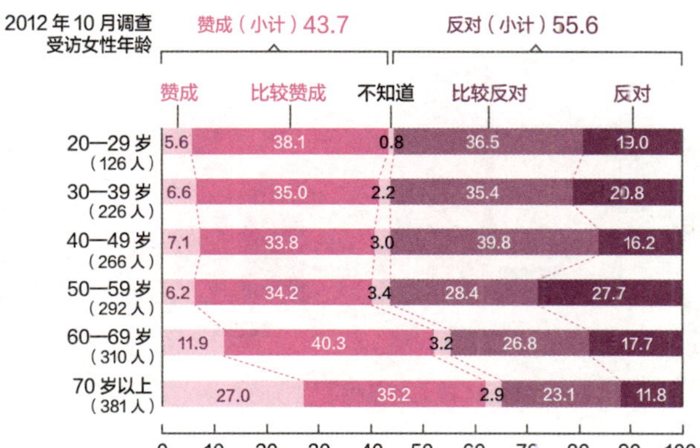

图2　内阁府《平成二十四年度关于男女共同参与社会的民意调查》

如果问她们，为什么想成为全职主妇，答案可能是“可以不工作”“想专心育儿”“想亲力亲为带孩子”。但我认为，上述观点并不符合当今这个时代。主要原因有三个。

一是会降低生活水平。坦白地说，就是家庭收入有所下降。抚养孩子需要花钱，自己老了以后也要花钱，考虑到这些，还是应该趁年轻多赚钱。如果一个人终身不工作，就会少赚一亿日元。不论对于个人还是社会，都是一种损失。

二是全职主妇或许更需要面对育儿压力。

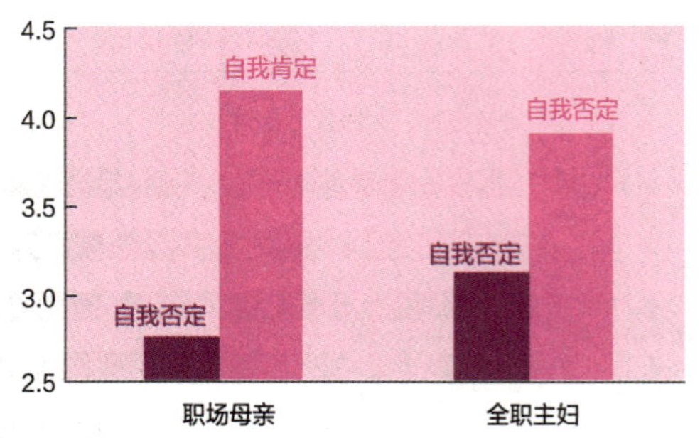

柏木惠子《成人的条件》(2013 年)

图 3 在孩子、育儿方面的感情比较

柏木惠子在《成人的条件》一书中，比较了职场母亲和全职主妇在育儿方面的满意程度（图 3）。

和职场母亲相比，全职主妇更容易在育儿过程中否定自己，如“时常感到焦虑”“觉得自己不是一名合格的母亲”等。柏木惠子指出，原因之一在于她们告别职场后，认为自己被社会抛弃了。失去社会地位，缺乏自我认同感，进而出现消极情绪。全职主妇们将全部精力投入育儿，心里想的只有孩子，反而让她们陷入痛苦。

如果离婚或者伴侣不幸去世，全职主妇会失去经济来源，更容易陷入贫困。也许一些女性会说："我丈夫收入高嘛，我不工作也行吧……"但我想说的是，请优先考虑自己！人的生命是很脆弱的，有时会被一场事故或者疾病轻易带走。如果丈夫先你而去，你身边也没有其他可以依赖的人，你就可能过得非常辛苦。尤其在日本，单亲母亲的处境尤为艰难。据厚生劳动省（平成二十八年度全国单亲家庭等调查）统计，2017年单亲母亲家庭的年均收入为243万日元，母亲本人的年均工作收入为200万日元。

所以不论是伴侣去世还是中途离婚，对于全职主妇们来说，接下来的日子无疑是辛苦的。想要过上体面的生活可能也是一种奢望。

如果你现在已经被公司正式雇佣，就更加不能离职了。我在后文中也会写到，我的母亲就是结婚后离职，之后花了10年时间才重新成为一名正式职员。而且多亏我父亲工作稳定，才有了今天的我。倘若父亲在我年幼时失去工作，那么我们家一定会过得非常辛苦吧。有些事谁都不愿意发生，但还是应该未雨绸缪。我希望大家能在保持独立自我的前提下，再考虑组建新的家庭。如今的日本很难再像泡沫时代一样经济腾飞，所以我们更应该提前规避可以规避的风险。

或许一些男性会说：“什么！那就不考虑男人的自尊心了吗？”对此，我就直言不讳了。男士们，你的价值不只取决于你的收入。钱的意义不在于存，而在于用。你的存款是0吗？你在为退休后攒钱吗？还是把钱花在兴趣爱好上？顺便说一句，确实有一些女性会因为收入低而对你冷眼相待，但请记住，那更可能是她目光狭隘。你应该为自己感到骄傲，不断努力。这在谁的眼中都是充满魅力的！

◎ 逃避成长——长不大的少男少女

我们现在稍微转换一下话题，如果前面讨论的是“无法结婚”，那么下面要说的是“没想过结婚”。

我想先和大家明确一点，现在这个社会，有越来越多长不大的少男少女。不论哪个年龄层，都存在这样一群人，他们不喜欢和异性聊天、不想在现实中谈恋爱。

我大三那年的冬天，在町田市的一家咖啡厅学习。旁边正巧坐了三名和我年纪相仿的女生，聊得火热。她们的话题是大家耳熟能详的少年漫画杂志《周刊少年 JUMP》里的作品——《圣斗士星矢》和《排球少年!!》。不过是 BL 方面的内容。BL 是 Boy's love 的缩写。近年来，一些女生会假设和漫画里的男性角色们谈恋爱，构思各种各样的故事并以此为乐。她们被称为"腐女"，喜欢在 Twitter①、Comic Market② 上交流。与之类似的，也有不少人从恋爱模拟游戏（俗称"乙女游戏"）中获得快乐。如此看来，她们似乎不是对男性本身失去兴趣……

我再举一个男性的例子。因为机缘巧合，我曾和一位 27 岁的男士吃饭。他毕业于日本国立大学 T 大的法律系，后来在一家 IT 企业就职。吃饭时，几乎都是我在找话题，对方基本不怎么

---

① 社交平台，现已改称为"X"。

② Comic Mraket(コミックマーケット) 是日本最大的同人志展销会，简称 CM 或 Comiket。

回应。偶尔主动开口，聊的也是漫画，但都是我不知道的作品，听得我云里雾里。由于他一直不怎么说话，我以为他是个沉默寡言的人，没想到回家后他却一个劲在 LINE 上给我发信息，而且根本没有停下来的意思……这就是所谓的宅男吗?！为什么不当着我的面和我聊天呢？可见他似乎也不是对女性本身失去兴趣……

随着互联网、SNS 的普及，一些弊端也随之浮出水面，比如人与人面对面交流的机会减少了。如今人们不用出声便可不受时间、地点的限制，和他人取得联系。柏木惠子同样在《成人的条件》一书中指出："近年来，人格发育不健全的青少年越来越多。他们中的一些人会放弃各种各样的机遇与选择，听天由命。还有一些人百分百相信父母、老师传输给他的价值观，'四平八稳'地活着。另外一些人不会做选择，缺乏信心、厌恶自己，每天活得有气无力，缺乏规划。"究其原因，柏木认为："面对'如何活下去'这个问题，他们没有足够的能力与时间去认真思考。"但我们不能忽略，难道不是因为他们缺乏和父母及周围其他成年人聊天的机会？这些人原本应该和他们一起面对上述问题。

说起来，日本教育原本就缺乏展示自己的机会，不善于表达的孩子永远得不到成长。由于缺乏沟通经验，他们也不擅长和他人分享自己的想法，也就导致他们在与人交流的过程中感到不安，躲进虚拟世界，对自己丧失信心。柏木惠子在《孩子的成长条件》一书中指出，和其他国家相比，日本的小孩更缺乏自信。

这背后的原因很复杂，包括日本特有的“耻感文化”以及日本教育的特征。但父母一定要不断告诫孩子：“有些事你不说出来，别人就不知道”“每个人的想法都有相应的价值”“即便你的一些观点还不成熟，说出来觉得丢人，但也要鼓起勇气开口，这对你的成长很有帮助”。这些问题比恋爱、结婚更重要，是长大成人的前提条件。如果你能明白这些，能独立自主地生活，再去挑战恋爱与婚姻，就没有什么可怕的了。恋爱难免伴随新的伤痕，每一次失恋都是一次成长。我希望你能在这个过程中找到幸福。即便碰壁，即便受伤，只要能站起来，就可以重新开始。

顺便说一句，町田市咖啡厅的故事还没完。差不多两个小时后，聊着BL话题的女生们离开了。几十分钟后，三个穿着豹纹马甲、漆皮夹克，腰间挂着金属链条，着装醒目的男士坐了过来（而且我震惊地发现竟然是我的小学同学）。其中一个一坐下就说："那家伙有钱，也有女人。我不甘心，绝对不能输给他……"

……这种决心确实令人钦佩，但还是先去买点衣服吧。成年人也要注重穿着打扮。

◎ 小孩子真是不错啊！

"我就算以后结婚生子，也不想放弃工作。"

"你的想法很好。但据我所知，在保育所[①]长大的孩子不怎么黏人，所以……"

这是我和一位来自广岛的23岁男性的对话。我是在某次"婚活"中认识他的，他做的是与海

① 为0—5岁儿童提供托管服务的机构，托管时间较幼儿园（3岁至学龄前）更长。

外化学工厂建设有关的工作，以后可能会被外派。他自己想好好工作，所以希望我多带孩子——是这个意思吧？

不得不说，母亲带孩子的观念在日本依然根深蒂固。这实在是遗憾。如果你是一名男性，认为“带孩子太麻烦，我不想带”的话，请务必改变这个想法。不是女性想让你帮忙，而是养育孩子的机会十分难得，人生只有一次。等小孩到了青春期，也不会讨厌陪伴自己长大的爸爸。在我看来，尤其是在女孩子眼里，每天晚上8点以后回家，不洗衣服也不做饭的父亲是很难得到尊重的。

我小时候，父亲从事销售工作，每天都工作到很晚，我几乎不记得他陪我玩过。母亲短期大学[①]毕业后，去了父亲所在的公司，不过只工作了一年，就因为怀了姐姐选择离职。直到我小学四年级时，母亲才重新找到兼职。我上大学时，她终于成了正式员工。

① 学制为2—3年的大学，大多为私立学校。

我大学二年级时，父亲已升至管理层，不必每天工作到很晚，大家一起吃饭的机会也多了。但父亲从来不做饭，还喜欢对我们指指点点，比如“吃饭时怎么不懂规矩”“太慢了，怎么能这么慢”。有一天晚上我和父亲吵架，他粗暴地指责我：“你妈今天回家晚，去把碗洗了。”那时我只想着反抗。不只是因为教我做这些事的都是母亲，更因为我从没见父亲进过厨房。在我心里，意气用事的成年人（即便是父母）是不值得尊重的。这和哭闹着“给我买零食”的小孩有什么区别？

父亲年轻时，社会的普遍观点是：带孩子是女人的事。所以他不能尽早回家也是迫不得已的吧。但即便如此，父亲也失去了和我这个有血缘关系的人相处的大多数时间。

我和父亲吵过很多次架，总算有了今天相对和睦的关系。然而，这也让我不禁思考：回顾人类历史，人们是否真的定义过生儿育女的意义？在我看来，生儿育女的意义在于：即便你已经死去，你的生活方式、思想依然能够得到继承。孩子和自己不同，是一个全新的个体。我们不能把梦想托付给他们，但他们会效仿我们的生活方式，过上比我们这代人更幸福的生活。起码我们可以期待他们拥有更美好的未来。

3. 今天的设想，成就明天的你

之前我们一直在讨论不能结婚的理由。在这个很容易对男女关系产生消极影响的今天，如何更加积极地生活下去？最后，我想总结一下自己的看法。

◎ 拥有梦想

你想拥有一份怎样的工作？你想组建一个什么样的家庭？你想和伴侣一起生活，还是分开生活，各自为事业打拼？

如果可能的话，我希望你年轻时就明确这些。因为这样你就能明白，什么才是人生最重要的。如果其间你有了新的目标，不妨心平气和地告诉伴侣，这才是通往幸福的捷径。而且要毫无保留地说出自己的想法，这很重要。要是心中有所隐瞒，大概彼此都会痛苦吧。不是作为女性，也不是作为妻子。同样的，不是作为男性，也不是作为丈夫。你要有自己的想法，坚持下去。

◎ 独立自主

这里的“独立自主”不仅指成为一名合格的社会人、努力赚钱，还包括处理好身边的每一件事，比如每天做饭、洗衣、打扫卫生，打理好生活的方方面面。

我想本书的读者大多已经工作。如果你是公司里的负责人，希望你能鼓励所有员工尽早回家。白河桃子在前文提到过的《想要成为全职主妇的女性们》一书中指出：“即便日本存在育儿制度[①]，‘也没有育儿环境’。”让所有人早点回家就是创造这个环境的第一步。

你与家人的幸福关系到整个社会。与其抱怨“就那个人特殊，为了照顾孩子早回家”“现

① 日本出台的一系列和育儿有关的制度，包括为新手父母提供补贴、假期等。

在这么忙，怎么能提前走”，不如每个人都早点回家。这项工作必须在今天内完成吗？重视家人，绝不是一种个人主义。

◎ 婚姻也可以不止一次

想要解除婚姻关系，必须经过离婚这一流程。在日本，离过婚的人被称作“Batsuichi”“Batsuni”[1]，给人一种相对负面的印象。但如果离婚对两个人都好，就不必感到自责，也不用埋怨对方。同样，多次恋爱失败也没关系。失败总比不失败好。

如果你依然坚持一辈子单身，那么我想说：一个人确实自由，你可以独立规划自己的人生，这在结婚被视为理所当然的年代是不可想象的。但与此同时，我也希望你能设想一下：当你一个人老去，看着路边手牵手的幸福老夫妻，可以做到不羡慕他们吗？如果你的内心深处依然在意，

① 早年日本人离婚后会在户籍本的配偶一栏打叉（×，日文中为“ばつ [batsu]”），所以就有了“打一个叉 = 离过一次婚”的说法。离过两次婚就是“Batsuni（打两个叉）”。

还是会羡慕他们，那么现在还不晚。你应该去寻找一个伴侣。即便不登记结婚，你的生活中也需要一个可以让你敞开心扉的人。正所谓不懂恋爱，就做不了圣人君子。就算婚姻失败，也能得到人生教训。塞翁失马焉知非福。

我希望所有人都能过上自己满意的生活。

◎ 引用、参考文献

①山田昌弘．迷走家族——战后家族模型的形成与解体．有斐阁，2005.

②白河桃子．想要成为全职主妇的女性们．poplar 新书，2014.

③山田昌弘，白河桃子．“婚活”时代．discover 携书，2008.

④柏木惠子．成人的条件——从发展心理学思考．岩波新书，2013.

⑤柏木惠子．孩子的成长条件——从家族心理学思考．岩波新书，2008.

⑥林真理子．只差一个野心．讲谈社现代新书，2013.

⑦厚生劳动省．平成二十三年度全国母子家庭等调查结果报告．http://www.mhlw.go.jp/seisakunitsuite/bunya/kodomo/kodomo_kosodate/boshi-katei/boshi-setai_h23/.

⑧厚生劳动省．平成二十四年度薪资结构基本统计调查．http://www.mhlw.go.jp/toukei/itiran/roudou/chingin/kouzou/z2012/.

⑨厚生劳动省．平成二十八年度全国单亲家庭等调查．http://www.mhlw.go.jp/fifile/04-Houdou-happyou11923000-KodomokateikyokuKateifukishika/0000190325.pdf.

第一次讨论

允许同性结婚，却不允许近亲结婚的理由？

参会人：黑田美树、斋藤夏乃、高室杏子

主持人：萱野稔人

在这个多元化的时代，越来越多国家出台相关法律，认可同性婚姻。同性恋人、同性伴侣也成为人们时常讨论的话题。

然而，当我们进一步拓展婚姻形式，一夫多妻、一妻多夫、近亲结婚……我们又该如何看待这种多样性？这也引发了我的思考：我们在讨论婚姻问题时，其实无意识中为其套上一个“理所当然”的框架。

1. 同性婚姻是 OK 的？那一夫多妻呢？

萱野　今天我们来讨论一下婚姻的多样性。

近年来，人们总能看到同性婚姻得到法律认可的新闻。

2001 年，荷兰成为世界上第一个同性婚姻合法化的国家。2003 年，比利时也通过了同性婚姻法案。之后，越来越多的国家纷纷效仿。目前，美国所有州都通过了同性婚姻合法化的决议。

如今，日本东京的涩谷区、世田谷区等地区也相继出台了认可同性伴侣的条例。这种伴侣制度有点类似法国的民事互助契约（PACS，赋予伴侣几乎等同于婚姻的权利），在很多时候都能发挥作用。如果没有这种制度，当你的伴侣病危或者需要做手术时，即便你们一起生活，因为没有结婚，你甚至无法去探望他。或者当同居人去世，如果租赁合同是以死者本人的名义签订的，另一个人也无法得到法律的保护。同性婚姻的重要意义之一就是消除这些不平等。

出于上述考虑，越来越多国家从法律层面认可同性婚姻。大家是如何看待这个问题的？你认为日本也应该效仿吗？

全员 是的。

萱野　大家认可同性婚姻的最主要原因是什么？

斋藤　结婚就是相爱的人在一起，不能因为是同性，就禁止他们在一起吧？

高室　我认为只要双方同意，而且不给别人添麻烦，就应该得到认可。换言之，要是问我为什么不认可同性婚姻，我反而回答不上来。

黑田　我觉得是为了消除权利上的不平等，病危时不能见面之类的。

萱野　也就是说，只要当事人同意，而且不给别人添麻烦，同性婚姻就没有问题，是这个意思吧？既能促进婚姻的多样性，又能消除权利上的不平等。看来大家对同性婚姻都持肯定态度。

那么我们再来看下一个问题。2015 年，美国蒙大拿州的三个人（两女一男）向法院提出申请，“既然法律认可同性婚姻，那么也应该认可一夫多妻制。”简单来说，他们希望法律承认他们三人的夫妻关系。那时，美国最高法院刚在全国范围内裁定同性婚姻合法。大家如何看待他们的请求？

斋藤 同性婚姻之所以被认可，我认为一个很重要的原因是相较于异性恋，同性恋者需要面对更多社会上的不平等因素。但在刚才的案例中，他们三人遇到这样的问题了吗？如果没有，我觉得就没有必要认可。

萱野 如果他们的婚姻关系无法得到承认，会给他们带来极大的精神痛苦，也算一种不平等因素吧？刚才我们也讨论了，如果三人中谁发生意外，其余二人的权利能否得到保障？这也是一个问题。

也就是说，大家认可同性婚姻时的判断标准，同样适用于一夫多妻。他们三人是自愿的，不给别人添麻烦。如果法律认可他们的关系，还能减轻他们的精神痛苦。

高室 说到不给别人添麻烦，如果他们有孩子呢？这个人是妈妈，那个人也是妈妈？等他们有了孩子，该如何处理这些问题？应该会比较混乱吧。

萱野 这个人是妈妈，那个人也是妈妈。假如同性伴侣领养了孩子，也要面临同样的问题吧。我们可以换一种思路，如果是一妻多夫呢？你愿意承认这样的婚姻吗？

斋藤 说起一夫多妻，会给人一种男性占主导的印象。就算是一妻多夫，婚姻关系中的一方也要服从另一方吧。在这一点上，两者是相同的。

萱野 不过在刚才蒙大拿州的案例中，三人并非主导与被主导的关系，他们似乎相处得很融洽。不只是这个案例，在其他婚姻关系中，也不一定必须有一个人占主导地位。

高室 他们三个为什么那么想结婚？婚姻会给他们带来什么好处？我实在是想不明白。

萱野 同性婚姻也是一样吧？他们想得到法律的认可，想三人组成一个家庭，但这时只有一位女性的婚姻得到法律的承认，另一个人就不行。这也是一种不平等吧？

2. 同性婚姻被认可的真正原因是？

斋藤 我还记得小时候第一次听到同性伴

侣这个词时，我就在想这究竟是怎么一回事？不过现在我了解的信息多了，对同性恋也有了更为具体的印象。可还是无法想象一夫多妻。

黑田　如果将同性婚姻的理由套在一夫多妻上，或许后者也应该得到认可……虽然这么说有些矛盾，但从感觉上来说，我还是会抵触。

高室　以重婚为例，有的男性可以娶很多妻子，有的男性则一个都娶不到。如果人们开始将拥有众多妻子当成一种身份的象征，那么男女平等的价值观是否会受到冲击？

萱野　如果一妻多夫也被认可呢？

高室　嗯……我还是想象不出，如果真的发生这种事，会引发什么问题。

萱野　只要双方当事人同意，而且不给别人添麻烦，同性婚姻就应该得到认可。大家都支持这个观点。但是在相同条件下，不论是一夫多妻还是一妻多夫，大家好像都有抵触情绪。如此说来，大家赞成同性婚姻的真正原因或许不在于此。

斋藤　现实生活中，同性恋者的比例应该相当高吧。因为很多同性伴侣都希望得到法律的认可，所以同性婚姻才实现了合法化。但如果实际支持一夫多妻或者一妻多夫的人数有限，就很难出台相关法律吧。

萱野 如果将其看成一个弱势群体的人数问题，就可能出现以下情况：患有某种疾病的人多，患有另一种疾病的人少，出台的福利政策就应该偏袒前者。大家觉得呢？

高室 确实，这样一来，少数派永远是少数派，始终处于弱势。但假如什么都认可，也会造成混乱吧？

萱野 如果真是这样，那么人们在认可同性婚姻时，时常提到的“承认婚姻多样性”或许不是真正的原因。

大家一致认为，应该认可同性婚姻。刚才我们在讨论这个问题时，大家都觉得，只要本人同意，也不给别人添麻烦，就没有否定它的理由。但从大家对一夫多妻制的态度不难看出，刚才的主张或许并非支持同性婚姻的真正原因。事实上，大家心里或许有一种感觉，“婚姻就应该是这样的”。因为同性婚姻相对接近这个标准，所以可以被接受；而一旦某种婚姻形式距离这个标准太远，就很难被认可。那这又引发了一个新的问题：理想的婚姻究竟是什么样的？

3. 近亲结婚是禁忌吗？

萱野　我们再来看一个例子。2008 年澳大利亚的一对夫妻在电视节目上宣称，他们其实是父女，并希望得到社会的认可。在本案中，女儿年幼时父母便离婚了，她被母亲一个人抚养长大。女儿时隔 30 年去看望父亲，两人以此为契机开始交往。他们后来还生了孩子。这其实属于近亲结婚，双方是自愿的，而且都已成年。大家如何看待他们？可以认可这种婚姻吗？

高室　与其说他们的婚姻“让我觉得难以接受”，不如说我们从小接受的教育让我们在面对近亲结婚时，会条件反射地认为“无法接受”。似乎一些女生小时候希望“以后能和父亲结婚”（虽然我没这样想过）。所以这是不是可以说明，人们本能地有这样的想法并不奇怪。只是我们接受的教育告诉我们，这种行为是不被允许的。所以我在听到刚才的案例时，有一种“为什么他们之间会出现爱情”的违和感。

斋藤　“喜欢父亲那样的人”，这种情况确实挺常见的。

萱野　究竟是教育使然，还是因为人们原本就厌恶近亲结婚，所以才这样教育后代？大家是怎么认为的呢？

高室　过去，一些身份地位很高的人为了保持家族血统的纯正，要求后代必须与贵族联姻，以防混入其他家族的血脉。如此一来，近亲通婚越来越频繁，导致这些家族的新生儿出现先天性异常的风险增加并衍生出一系列问题，最后不得不终止。这才有了不允许近亲结婚的规定吧？

黑田　不过在那个年代，婚姻是为了维持家族权力，具有很强的政治色彩，结婚的意义也和现在不同。

萱野　说起先天性异常的风险，据说近亲结婚生育的后代出现异常的可能性是正常人的2.2倍。也就是说，从遗传的角度来看，确实应该避免近亲结婚。可如果换一个角度，风险是增加了，但也只是2倍而已。假如还按照刚才的说法，高龄生育的风险也很大，是不是也要禁止高龄生育?

而且就算是2倍，由于本身患遗传病的概率很低，所以即便成倍增加，过去的人们也很难客观地认识到这一点吧。随着科技的发展，人们才逐渐了解这些。这又引发一个问题：担心后代患遗传病或许也不是否定近亲结婚的真正原因。在我看来，应该是这样一个顺序：先存在某种社会规范，认为近亲结婚是一种禁忌，然后人们发现这样的婚姻会导致后代出现先天性异常的概率增加，所以遗传病才成为人们在否定近亲结婚时常说的理由。

4. 婚姻的框架是什么?

萱野　再回到2008年的这起近亲结婚案上，

大家似乎都不赞同他们？

黑田　我觉得学校的教育、父母的教育对我的影响确实很大。比如我们这代人已经可以接受同性婚姻或者同性恋了，这是因为我们受到了相关教育。然而没人告诉我，应该推崇父亲和女儿恋爱或者一夫多妻。所以我才无法接受吧。不希望现有的家庭观念遭到冲击。

高室　婚姻其实就是构建一个新的家庭框架吧。

黑田　嗯，如果近亲结婚，相当于同一个家庭中出现了两个框架。

萱野　可能一开始觉得不习惯，但既然当事人都同意了，也没什么。不是吗？

黑田　我的说法也许不太合适。但因为自己是异性恋，所以同性婚姻离我还有一段距离。可近亲结婚就可能真的发生在自己身边，大概也有这个原因吧。

高室　我其实可以认同刚才那对父女。

萱野　为什么这么说？

高室　如果是一夫多妻制，就会存在妻子

一、妻子二、妻子三……不是吗？

萱野 会出现排名，对吧。

高室 在我看来，丈夫想要公平地对待每一位妻子是很难的。一定有妻子伤心难过。从这个角度来说，刚才的父女是一对一的关系，也没什么不好。

萱野 原来如此。那么高室你觉得，婚姻就应该是一对一的平等关系是吗？

高室 是的。刚才在讨论一夫多妻的案例时，我就在想，为什么自己会如此抵触？或许根结在于：在这样的婚姻中，一个人要面对N个伴侣，这N个人会有排名，就会有人感到痛苦。

5. 婚姻是“共同体的伦理”？

萱野 在此，我们稍微展开聊一聊近亲结婚。一夫多妻在某些地区是被允许的，但不论地域还是文化，近亲结婚都是人类社会中的禁忌。人类学家和社会学家很早之前就研究过这一现象，他们将这种近亲之间不可发生性关系的禁忌称作“乱伦禁忌”[①]。

为什么近亲之间不可以结婚、发生性关系？比较有代表性的是法国社会人类学家克洛德·列维－施特劳斯[②]的研究。列维－施特劳斯认为，结婚就是一个家族将女性“赠予”另一个家族。由于这种交换一直存在，所以婚姻就是“女性的交换”。A 家族将女性嫁到 B 家族，B 家族再将女性嫁到 C 家族，C 家族继续将女性嫁到 D 家族……循环往复。一个家族将女性嫁给另一个家族，再从其他家族那里迎娶别的女性。

女性自古以来就是男性争夺的对象。如果在一个家族中，父亲和儿子都可以与母亲发生关系，那么双方就会起冲突，导致家族无以为继。所以才会存在严格的禁忌。当女性的归属明确了，围绕该女性的冲突自然就消失了，会达成一

① Incest Taboo，禁止特定个人之间性关系的社会伦理约束。通常最低限度禁止在父母与子女之间以及同胞兄弟姐妹之间有性关系。

② 克洛德·列维－施特劳斯（Claude Lévi-Strauss，1908—2009年），法国著名人类学家，所建构的结构主义与神话学不但深深影响人类学，对社会学、哲学和语言学等学科都有深远影响。

种和平条约。如此一来，男性们可以缔结更为庞大的集团关系，团结起来维持家族稳定。

如果将这个和平条约视作婚姻的前提，那么结婚就不是个人主义行为。即便在今天，恋爱是自己的事，可一旦上升到结婚，就可能有亲戚站出来反对。所以越是个人主义的人，越觉得婚姻制度违和。

高室 如今同性婚姻等多种形式的婚姻被人们逐渐接受，是不是可以说明，和列维－施特劳斯提出主张时相比，人的社会属性也发生了变化？

萱野 是的。现代婚姻离共同体伦理越来越远了。在那个时代，婚姻与恋爱无关。自由恋爱也是后来才有的，是婚姻史上的一大发明，更是一个重要的转折点。比如在日本，直到 20 世纪 60 年代，自由恋爱的婚姻才变得普遍。在经济高速增长时期，越来越多年轻人来到城市。他们摆脱了父母和亲戚的束缚，得到自由。这是一个转机。不过话说回来，那时人们谈恋爱大多是熟人介绍的，并非真正意义上的自由恋爱。但是从感觉上来说，大家都以为自己是先自由恋爱，然后结婚。这种意识逐渐觉醒，共同体伦理也就慢慢消失了。

高室　可即便现在，女性过了 20 岁，也总能听到身边人催促赶紧结婚，所以才会急急忙忙找对象，“不结婚不行”。那么，这真的能被称作自由恋爱吗？女性是出于自身意愿才去恋爱、结婚的吗？

萱野　这确实是一个尖锐的问题。事实上，一直到 20 世纪 80 年代，一些公司在雇佣女性员工时，依然有人坚信这是在给男性员工培养“妻子”后备军。女性员工先被安排去给男性员工当助手，再与其结婚。如此一来，妻子了解公司的事，也更能体谅丈夫的工作。这段婚姻或许是被公司里的人有意促成的，但当事人都觉得他们是自由恋爱。

6. 如果恋爱自由，结婚会很难吗？

萱野　不过最近 20 年，被周围人促成的婚姻越来越少。换言之，恋爱、结婚更是一种个人行为。但这也意味着，谈恋爱必须从零开始。如此一来，可能只有“恋爱强者”才能结婚了。

斋藤 所以现在才会流行“婚活”“联谊”之类的词吧。在我看来，这是人们地缘关系[①]、血缘关系越来越淡薄的结果，认识其他人的机会太少了。

萱野 虽然可选项增加了，但人们却觉得“结婚没那么容易了”。越是自由，越是不想和奇怪的人结婚。

高室 说起地缘关系，最近区域联谊之类的活动多了起来。如果这类活动越来越多，情况也会有所改变吧？

萱野 你说的是增加与他人相识的机会，是吧？人其实很难找到心仪的伴侣。你所拥有的和希望对方拥有的，以及对方拥有的和希望你拥有的，如果两者不一致，你们就无法恋爱或者结婚。这其实是一件很难的事。人没有那么

---

① 以地理位置为联结纽带，由于在一定的地理范围内共同生活、活动而交往产生的人际关系。如同乡关系、邻里关系。

聪明，所以从某种意义上说，今后结婚率继续下降也是不可避免的。这或许也是个人主义观念盛行的代价。

高室　如果真到了那个时候，人们大概会将是否结婚当作评价标准，判断这个人是赢家还是输家。然而怎样生活，每个人的价值标准本来就不一样。我觉得这种大环境会让人活得很压抑。假如一个人想结婚而且有机会结婚，那就去结；假如一个人在其他方面找到了价值，那就坚持自己。我觉得这个前提是理所当然的，希望大家都能这么想。

Part 3

该如何权衡工作与育儿?

虽然还有很多问题亟待解决,
但越来越多的女性用实际行动
证明她们可以平衡工作与育儿的关系。
我们为何不顺应时代的潮流?

在这个少子高龄化的时代，
孕育新生命是一件多么令人高兴的事。
所以，如果有更多女性愿意
一边工作一边育儿，
我们应该全力支持她们。

8

高龄·女性·劳动

——女性 60 岁后仍在工作意味着什么

黑田美树

如今，日本正面临少子高龄化问题，今后公共养老金也会有所减少，媒体大肆报道着关于中老年人生活的悲观预测。人们或许已经很难期待靠养老金过上富裕的退休生活。但无论如何，要做好一直工作到老的准备。本章将重新思考 60 多岁仍在工作意味着什么。

1. 为什么是“高龄女性的劳动”？

◎ 60 岁后仍在工作

如今，每 4 名日本女性中就有 1 名超过 65 岁。身处这样的时代，我们不得不思考高龄女性该如何工作。2017 年总务省的《就业结构基本调查》显示，65—69 岁的女性中约有 50% 的人有工作意愿。其中，女性无业者“需要获得收入”的比例高于男性。但事实上，和男性相比，由于工作中断等原因导致工作经验有限、能力不足的女性更多，想找到合适的工作谈何容易。在这种情况下，高龄女性工作是为了什么？她们工作时又在思考什么？当 40 年后我们步入 60 岁时，又该提前作好哪些准备？

本章的“高龄女性”指的是“60 多岁的女性”。你认为这个年龄段的女性会从事什么工作？大家最容易想到的，大概是打扫卫生的阿姨、超市的收银员等兼职吧。事实上，这些女性大多不是正式员工。内阁府《关于高龄者经济生活的意识调查》（2011 年）显示，多数人认为 60 多岁的女性工作时最看重“对体力负担不大”。

然而在我看来，这个年纪的人依然体力充沛、精力旺盛。等我们 60 岁时，曾经在职场打拼过的女性大概也会和男性一样，选择继续工作吧。

即便现在，只要本人愿意，男性退休后也

有很多工作机会。但60岁之后的女性呢？女性能够走上重要岗位是这些年才开始的。如今，依然有不少女性认为家庭比事业更重要。对于男性来说，只要想工作，他们就可以坚持自己的事业，一直工作下去。然而女性却没有这个选项。她们一路结婚、生子、育儿，60岁时孩子也已长大成人。她们又该如何度过接下来的时间？带着这个问题，我决定考察高龄女性的劳动现状。

◎ 高龄女性所处的时代

首先，我们来看一看这些女性所处的时代。从2017年这个时间点往回看，60多岁的女性大约出生在20世纪40年代末至50年代末。那是一个怎样的年代？1946年，日本召开第22届众议院议员选举大会，女性首次参与国家政治。1955年，石垣绫子发表《主妇第二职业论》，引发了关于主妇问题的论争。等她们长到十几、二十岁时，选择工作的女性已超过2000万人，妇女解放运动也逐渐发展起来。1986年，日本开始实施《男女雇佣机会均等法》，那时，这批人已经30多岁了。1993年,《兼职劳动法》正式出台。

可以说，这批女性的成长伴随着日本女性地位的不断提高。但是，年过60的她们是否能真的从中受益？身处这样的社会，她们又如何看待婚姻与事业？

从“二战”结束到20世纪60年代初，日本女性出现了两极分化：一些女性继续从事之前的工作，另一些则离开职场，成为全职主妇。这两类人中就有这批女性的母亲。20世纪60年代末，整个社会受教育的程度提高，制造业随之出现年轻劳动力不足的问题。填补这一空缺的正是兼职主妇们。在日本，兼职劳动者在经济繁荣时数量增加，衰退时有所减少，发挥着调节经济的作用。主妇们是兼职的主力军，这一倾向也是从这个时期开始的。顺便说一下，在20世纪60年代，也就是这些女性20多岁时，25岁前的未婚率为70%，25岁后急剧降至20%。相比现在的同年龄段女性，当年的未婚率更低，说明更多人在家庭与事业中选择了前者。

到了70年代，外出工作的女性继续增多，她们大多从事制造业、批发、零售、餐饮业、服务行业，基本属于非正式雇佣。即便现在，超过半数的女性依然不是正式员工。虽然近来不少企业掀起了促进女性发展的热潮，但只要还是热潮，就很难说已经实现了男女平等。

2. 女性的工作方式

◎ 工作是为了什么？

人们常说，女性的劳动参与率呈“M”形曲线。所谓劳动参与率，指的是：劳动人口/15岁以上人口（不包括劳动力情况不明者）× 100%。也就是说，在劳动年龄人口（15岁以上被视为可以劳动）中，有多少人实际在工作。就日本女性而言，通常情况下，到了该结婚、生育的30岁，劳动参与率有所下降。如果绘制成图表，25—29岁和40—44岁达到峰值，所以呈“M”形曲线。这一倾向始于20世纪70年代，那时越来越多的女性开始接受高等教育。然而30多岁时女性因为结婚、照顾孩子等原因离开职场，之后有的人成为家庭主妇，有的人没有找或者找不到可以丰富简历的工作。

同样，女性的劳动参与率之所以在 45 岁之后有所下降，也是出于家庭原因，比如照顾年迈的父母。换言之，女性为了家人牺牲自己事业的情况在日本非常常见。

那么在实际生活中，究竟有多少 60 多岁的女性还在工作呢？厚生劳动省的数据《平成二十九年就业结构基本调查》显示，60—64 岁女性的就业率为 47.3%，65—69 岁降至 29.8%。也就是说，65 岁之前有将近一半的女性还在工作。当然，60—64 岁男性的就业率为 72.7%，65—69 岁为 49%。与之相比，女性的就业率较低。但即便如此，我们也可以说高龄女性依然处于工作年龄。

值得注意的是，男性和女性的工作目的并不相同。据株式会社 G · F 的调查（《年长者、老年人的工作意识》），很多男性认为“工作是为了实现人生价值”，而女性回答者中“为了维持现有的生活水平”的比例最高。

这又告诉我们什么？之所以会出现上述现象，原因之一是女性处于消费行为的中心。在日本，女性更多参与“管理家庭经济”。但也有人指出，由于日本女性进入社会较晚，所以这种倾向是日本独有的。我们先不讨论这个观点是否正确。总之不难看出，女性更倾向于将劳动视为获得报酬的手段。

◎ 单身的事实

谁都想赚钱，但每个人的情况不同。尤其是单身的高龄女性，或许压力更大。

正如前文所述，日本女性结婚后为了照顾家庭、养育孩子、赡养老人被迫离职。她们的收入比男性低，很多人也不是正式员工。这样的工作环境导致她们没有充足的收入和储蓄。女性的工作地位低还表现在：带孩子的单亲母亲虽然就业率高，但很多单亲家庭依然贫困。

事实上，受年轻时工作方式及平均寿命不断增加的影响，女性年老时经济状况往往更不乐观。或许可以毫不夸张地说，一个人年轻时的生活环境及工作情况决定了她的晚年生活。

其中生活最困难的，大概是离了婚的女性。她们无法依靠丈夫的收入或者遗属养老金[①]，大多也找不到稳定的工作。她们中约有三分之一年收入不足 120 万日元，因为约有 40% 的离婚女性属于非正式雇佣。

想要解决上述问题，我认为有两个办法。

一是创造男女平等的工作环境。换言之，就是创造一个女性也可以像男性一样工作的社会。但这需要在她们年轻时消除性别差异，用很长的时间减少经济上的差距。对于现在已经迈入 60 岁的女性而言，实在为时过晚。

在此，我想提出另一个解决办法——希望社会能够更加认可她们此前在家庭中掌握的做家务、育儿、照顾老人的能力。目前，60 多岁的女性即便从事这类工作，大多也是非正式的。哪怕她们一直工作，很多时候也无法增加收入。与此同时，日本双职工家庭不断增加，未来将有更

① 日文“遺族年金”，指参加日本养老保险的人死亡时，国家支付给遗属的养老金。

多家庭需要这些人发挥一技之长。如果能创造这样的工作环境，高龄女性也能通过帮忙做家务、带孩子，获得稳定的收入。

◎ 维持目前的生活

不过，并非所有高龄女性出来工作都是因为生活贫困、经济拮据。在前文提到的调查中，虽然有 29.2% 的女性认为工作是“为了维持现在的生活水平”，比例最高。但也有 13.5% 的人“为了参与社会活动”，14.6% 的人“为了实现人生价值”。工作并不只是为了获得报酬。对于 60 多岁的她们而言，子女长大成人，生活也和过去大不一样，身体又经历了更年期，她们又在思考什么？该如何活下去？在此，我也想和大家聊聊经济相对富裕的高龄女性的话题。

这些女性为了填补环境改变导致的心灵空缺，虽然这么说有些夸张，但她们很多时候会将不知如何处理的时间、金钱，用于学习某样新事务。作为业余爱好，我有时会去上舞蹈课，班上近半数同学都是 60 多岁的女性。事实上，有一半以上的高龄女性都在接触新事物、提升自己。这一比例在高龄男性中为23.5%，相比而言，女性的学习欲望更强。高龄女性是积极向上的。从JR的“成年人的假日俱乐部”① 等广告也能看出，面向60多岁人群的市场正在蓬勃发展。日本观光厅的调查也显示，60多岁的女性在住宿观光旅游方面的消费较高，仅次于50多岁的女性。

不难看出，很多高龄女性打工赚钱，是为了维持目前的充实生活。

◎ 尾声——当我们老了

那么，当40年后我们这代人老了时，又有怎样的未来在等着我们？

随着未婚、离婚的人不断增多，本就容易陷入孤独与贫困的单身群体会迅速扩大。据预测，2030年时日本五分之一的高龄女性与六分之一的高龄男性将过上独居生活。此外，贫困状况也存在性别差异，高龄女性的相对贫困率

---

① 东日本旅客铁路公司（JR东日本），为50岁以上人士提供的旅游服务。

要远高于男性。

而且对于未婚人士来说，不论男女，都更需要面对孤独与贫困。如今的高龄女性大多经历了婚姻，因为那个时代让家庭成了她们的束缚。然而随着越来越多的女性走入社会，女性婚后继续工作也变得稀松平常。那么，我们是不是应该改变对婚姻的看法？换言之，婚姻不再是对女性的束缚，而是所有人为了规避孤独与贫困的有效措施。当然，结婚、育儿并不一定给人带来幸福。选择独自走完人生和选择婚姻一样，都值得被尊重。

◎ 引文、参考文献

①总务省 .平成二十九年度就业结构基本调查 .

②内阁府 . 平成二十三年度关于高龄者经济生活的意识调查 .

③株式会社 G · F. 年长者 · 老年人的工作意识 .

④内阁府 . 平成二十年度关于高龄男女独立生活的调查结果 .

⑤石垣绫子 . 主妇第二职业论 . 妇人公论 . 中央公论新社，1955-2.

9

育儿还是事业？
——平衡二者关系的建议

佐藤玲衣　庆本彩夏

当一个人选择生儿育女，就必须要面对一个问题——如何平衡育儿与工作。这不仅涉及亲历妊娠、分娩的女性，作为配偶的男性与社会环境同样非常重要。为了探讨能够在育儿的同时不影响职业发展问题，本章将着眼以下两个方面：一是包括育儿假制度、工作方式等在内的社会环境，二是整个社会对育儿、职业发展的认识，并尝试探讨我们现在应该作好怎样的思想准备。

1. 育儿与事业之间

◎ 女性不间断工作很难？

受电视剧、电影的影响，我从初中时起就

立志成为一名兼顾育儿与工作的职业女性。然而当我即将步入社会，看着为了写这篇文章而收集的资料，又震惊于日本女性晋升之路的不透明。日本的男女差别指数、企业中女性管理层的比例、女性在劳动人口以及管理层中的比例、性别差距指数……从这些有关数据不难看出，日本是落后于其他发达国家的。为了弥补这些差距，日本政府出台了一系列支援女性的政策，以创造出“女性更容易工作”的社会，如三年育儿假[①]、零待机儿童[②]、支持女性育儿后再就业或创业、增加上市公司中女性管理层的人数等。然而兼顾育儿与工作的女性真的增加了吗？我决定认真思考一下，因为这是我今后也要面对的问题。

女性在工作中会遇到哪些问题？我们先来了解一下目前的情况。这里不得不提到一个事

① 安倍晋三曾提出要将育儿假延长到三年。

② 待机儿童指的是需要进入保育园，但因设施、人手不足等原因只能在家排队等空位的儿童。“零待机儿童”即通过扩充保育园数量、提高保育服务的质量，尽可能减少待机儿童。

实，即“M”形曲线——日本女性在30多岁（育儿期）时离职的比例增加。为何会出现这种曲线？即日本女性离职的理由，主要包括：对工作感到不满、晋升之路不透明，以及最常见的妊娠、分娩。事实上，即便女性想一边工作一边照顾家庭，也会处处碰壁。对于职场女性来说，只是想不间断工作就已经很难了。女性想要兼顾事业和家庭，其实受社会对男性创造的育儿环境的影响很大。接下来，我们就一起看看日本男性育儿假的普及率，再思考女性在兼顾育儿、家庭时遇到的问题。

◎ 育儿假普及率的性别差异

育儿假，顾名思义就是为了照顾孩子休的假，然而这一制度的普及率却存在明显的性别差异。自1999年以来，日本男性休育儿假的比例只有1%，而且休假时间大多不足5天。究其原因，大概是日本经济高速增长期（20世纪50年代至70年代）“男主外、女主内”的思想依然根深蒂固。即便现在日本双职工家庭逐年增加，但由于身居管理层的那一代人仍秉持传统观念，所以很难期待他们能更加灵活地处理女性不间断工作及男性参与家务的问题。近年来，政府出台了一系列鼓励女性就业的政策，女性在各行各业崭露头角也日益成为人们热议的话题，虽然整个社会对上述问题的理解逐渐加深，但想要取得实实在在的成效依然需要时间。无论政府出台多少法规，没有实效就没有意义。国家希望 2020 年男性育儿假的普及率达到 13%。但距离这一目标仅剩不到几年的时间，到时候真的能提高 10% 以上吗？对此很多人心中都有一个问号。

女性想要兼顾工作和育儿，就少不了男性的配合。日本社会对男性休育儿假的宽容度和理解度仍有待提高。事实上，如果男性想要顺利请到育儿假，就必须和工作单位、周围的伙伴建立良好的信任关系。如果公司不认可育儿假，强行休假也会影响本人今后的发展。而且日本工作时间长本身就是一个问题。在这个问题还未得到解决的今天，育儿假问题真的能够得到改善吗？

即便人们总说“育儿爸爸”[①]“育儿上司”[②]，但事实上，男性依然无法将大量精力投入家庭。人们或许会认为，“育儿上司”的增加可以让更多不间断工作的女性走上管理层，但社会能培养出多少“育儿上司”？效果如何？又很难界定。换言之，如果两个人能力相当，其中一个积极参与育儿，那么公司真的会特意提拔他吗？就算国家出台相关政策，如支持育儿的上司可以得到更高的评价，或许一些对育儿宽容度更高的企业会积极响应，但在固有观念、价值观已经成型的公司中，大概很难推行。

然而，如果没有男性的配合，女性就很难一直工作下去。有能力的女性中途放弃事业，实在非常可惜。在我看来，女性工作可以增加家庭收入，进而能减轻男性的负担。如此一来，男性也可以承担更多家务。这难道不是最有效率的生活方式吗？两个人相互扶持，共同经营家庭，不是很自然的事吗？

---

① 日文“イクメン”，指的是积极参与育儿的男性。

② 日文“イクボス”，指的是支持下属参与育儿的上司。

而且我认为，为了能让男性在女性妊娠、分娩后承担部分家庭责任，企业有必要建立适合自己、有效且实用的育儿休假制度。企业应根据情况灵活调整，以达到政府制定的法规事半功倍的效果。在我看来，优秀的企业是会积极尝试的。

2. 如何一边育儿一边工作

◎ 重返职场的难题

纵使顺利休了育儿假，女性还要面对重返职场的难题。就算回到工作岗位，如果为了照顾孩子缩短工作时间，又会和周围人产生矛盾。或许有人会说，是她自己决定出来工作的，不能因为她要带孩子就给予特殊关照。事实上，职场妈妈们请假确实越来越难，就算她们想生第二个孩子，也会为此犹豫不决。对于企业来说，哪怕想体谅身兼数职的员工，但假如她们总是缺勤或者早退，也很为难吧。那么，如何打破这种对彼此都不利的局面？

在此，我建议重返职场的女性们先调整自

己的心态。“带孩子忙”不是疏于工作的理由，更不能想着“反正我工作时间短，就做一些简单的工作吧”。即便你不能全职工作，也请保持一颗进取心——选择自己能够完成的工作，努力完成它。如果这对你来说有些吃力，不如选择其他更适合自己的工作方式。在我看来，职场妈妈们应该清楚地知道，如果把“照顾孩子”当成理由，难免会给周围人带去麻烦，但假如自身足够优秀与努力，也能得到公司的理解。

实际操作起来或许不容易，但我还是希望当我需要重返职场时，能够选择自己想要的工作方式。而且我坚信，职场母亲通过不断努力最终走上管理层，能给公司和社会带来价值。比如，职场母亲能为社会带来非常可观的经济效益。电通综合研究所 2013 年 7 月做出估算，全职主妇再就业能带来约 3 兆日元的直接效益。因为她们亲自参与工作，才更愿意消费。家庭中掌握经济大权的往往是女性。母亲是家庭消费的掌舵者，让越来越多的女性重返职场，或许能为社会带来新的活力与生机。

◎ 游牧式工作制与弹性工作制

我在前文中提到了选择工作方式。那么接下来，我想谈一谈企业提供的多样化工作方式。

不知道大家是否知道游牧式工作制和远程办公？日语中“ノマド”（英语：nomad，汉语：游牧民）原意是“游牧民”。“ノマドワーカー”（英语：nomad worker，汉语：移动办公、数字游民）就是像游牧民一样，没有固定的办公室，可以自由选择工作场所的工作方式。“远程办公”顾名思义，指的是在家也能办公的工作方式。人们可以不受工作地点的限制，延长私人时间，用于陪伴、照顾家人。我认为这种工作方式可以被纳入支持女性就业的政策中。

此外，“弹性工作制”（员工可以灵活选择在办公室的工作时间）也受到不少人的欢迎。我也是其中一员。当然，前文提到的游牧式工作制或许不适合所有行业和工作类型，但对于要照顾孩子的女性来说，不失为一个有意义的选择。如果类似的举措得到推广，或许还能在一定程度上改善日本工作时间过长的问题。我的这些观点在一些职场人眼中可能过于理想，但我还是认为，如果企业能提供多种多样的工作方式，给员工留出更多的选择和私人空间，或许就能彻底解决日本企业目前面临的一系列问题。

当然，我们不能只期待企业做出改变，职场母亲们也要调整自身观念。这是对双方的要求。事实上，全心全意照顾孩子的女性重新步入社会，其难度可能远远超出我的想象。有人或许会说我的想法太不切合实际。但我还是想强调，**只有“企业与职场母亲共同思考更合适的工作方式”，才能让女性有更美好的明天。**

佐藤玲衣

3.“有孩子的教师”引发的思考

这是发生在2014年春天的一件事。埼玉县的一名高中女教师为了参加自己孩子的入学典礼，缺席了所带班级的入学典礼。这名教师后来受到所在学校校长的警告。此事一经报道，便引起了人们的热议，社会上有两种截然不同的声音：有人认为她优先考虑自己的家人无可厚非，有人认为她应该把工作放在第一位。

我本人是赞成教师优先考虑家人的。

如果我是她的学生，难得的入学典礼却见不到班主任，确实会感到失望。毕竟新生活即将开始，自己马上要成为意气风发的高中生。我好不容易通过入学考试，离成年人又近了一步，内心的想法也和初中时不同，有期待、有不安，自己仿佛摇身一变，成了某鸿篇巨作的主人公。班主任是高中阶段的领路人，她的缺席自然让人感到沮丧。在我作好准备迎接新生活时，却缺少了重要的一环。其他班级的学生大概都见过自己的班主任了，他们或许会期待接下来丰富有趣的校园生活，又或者因为班主任看起来有些严肃，心中惴惴不安。学生会因为老师的第一印象，对今后的生活产生不同的期待。可我却什么都不知道，心中难免失落。再想到要保持一无所知的状态直接开始上课，也会为还没作好准备而感到担心。

家长们大概也不放心。接下来谁来照顾自家宝贝？对于他们来说，这个被贴上“老师”标签的陌生人连见都没见过，真的值得信任吗？明明不久之前还在襁褓中的孩子转眼就上高中了，再过几年还要考大学。在迈进高中第一步的重要时刻，老师却不在身边。也许对于部分家长来说，如果这次见不到老师，下次见面就不知道是什么时候了。一些人甚至是挤出时间参加孩子入学典礼的。站在家长的角度，教师的缺席确实令人失望。

然而，正如家长们有自己的考虑，既是教师又是母亲的这位老师，在儿子的入学典礼问题上也有自己的难处。我在看到这篇报道时，第一反应是：这是一位多么顾家的老师啊。如果我是她的学生，我一定希望她优先自己的孩子，而不是我们。她之所以缺席，不是因为去哪里消遣娱乐，而是作为一名母亲，参加自己儿子的入学典礼。

有人说教师是一个神圣的职业。我赞同这

个观点。教书育人不同于其他工作，学校有其特殊之处——这里培养的是肩负未来使命的日本乃至世界的人才。教师应该以身作则，传道授业。

那么，这位教师的做法是错的吗？我不了解这位老师的家庭，也不知道她丈夫平时是否顾家。但不论怎么说，如今这个时代，难道不应该让女性可以兼顾事业和家庭吗？在参加入学典礼的家长中，也有人是带薪休假吧？那么为什么这位老师不行？在学校这一教书育人的场所，教师主动提出带薪休假，将更多时间用于陪伴家人，这正是我们现在需要的，而这位老师只是将其付诸实践。对于要肩负未来使命的学生们来说，她难道不是一个优秀的榜样吗？

如今，国家出台多项政策，为既要工作又要照顾家庭的女性提供支持。只因她是教师，所以就要被排除在外？如果人与人之间是平等的，那么我们在做决定时，就不应该被她的职业影响。我希望各位家长也能将这位老师看成一位母亲。不论是谁，都想亲眼见证自己的孩子开始人生的新阶段。

事实上，这位老师事先申请了带薪休假，也得到学校的批准。学校为什么会同意？我想校方是最清楚的吧。不过他们没有公布原因，而是对该教师发出警告，这在我看来是非常遗憾的。学校为什么不能告诉全社会：“我们学校有一名如此重视家人的老师，我们也非常支持她。”这位老师好像成了坏人。我认为这是不对的。

在这个女性工作已变得非常普遍的时代，女性们既想照顾孩子，又想坚持事业。虽然还有很多问题亟待解决，但越来越多的女性用实际行动证明她们可以平衡二者的关系。我们为何不顺应时代的潮流？

但是，你的做法或许不能总是得到周围人的支持。每个人都有自己的生活。必须像齿轮一样，将各种复杂的关系处理妥当。如果哪个环节出了问题，学校、家庭甚至周围人都会受到影响。

当我站在不同人的角度思考问题，就能听到不同人的声音。如果能利用全息影像技术，让老师提前做好准备，入学典礼时出现在现场，情况也许会不一样，但现阶段还很难实现。当然，老师也不能分裂成两个人。如果按照过去的标准，工作或许高于一切，可我们不能永远被这种观点束缚。教育方针会随时代发展而变化。如今，教师也能更多考虑自己的家人了。这难道不是一种伟大的进步吗？

4. 养育子女的困难

◎ 待机儿童

对于职场母亲们来说，工作时没有地方可以托管孩子，是她们需要面临的一个难题。如果配偶也需要工作，双方父母（孩子的祖父母）还帮不上忙，就得找人照看孩子。虽然存在育儿假制度，但实际生活中请假并不容易。有时即便请到假了，也不是想休多久休多久。就算母亲希望多陪陪孩子，等他稍微长大一些，可以放心地让他独自在家，但育儿假实在太短了，这种愿望也很难实现吧。

职场母亲们想一边维持工作，一边抚养孩

子。但平衡二者的关系，无疑需要决心。如果今后更多人继续拒绝生育，日本的少子化问题将更加严重。正因身处这样的时代，女性能在工作的同时生儿育女，才显得尤为重要。但现实是残酷的。

虽然政府、地方自治团体不断完善相关政策、增设保育所，但进展似乎并不顺利。住在附近的部分居民甚至一些家长，对增设保育所都表示质疑或反对。如果换位思考，他们遇到的一些问题确实深刻、复杂且现实。

比如一些保育所建在情人旅馆街区附近。很多家人为此不愿意把孩子送过去，导致保育所面临招生危机。只是附近有情人旅馆，就有如此大的影响？我觉得有些不可思议。虽然乍一听，二者的组合或许让人感到吃惊。但仔细想想，既然是保育所，小孩子肯定不能随便跑出去玩。只要他们不出学校，就有老师看着。院方还可以在其他方面下功夫，比如让接送孩子的班车尽量避开街区中心。虽然建在情人旅馆街区附近的保育所周围缺乏自然景观，但家长只是把孩子送到这里照看一段时间而已。

此外，也有人认为，如果一个地方新建了保育所，会影响附近自行车、机动车的通行量。而且相较于成年人，孩子的行为往往更难预测，小孩在附近活动会比较危险。的确，不是任何地方都适合建保育所，必须要综合考虑道路宽度、人行道等周边环境。

但我也不认为增设保育所会增加事故发生的概率。大家都知道，意外是无法完全避免的。但话说回来，在保育所附近开车的大多是接送孩子的家长或者班车司机。就算有家长骑自行车，如果带着孩子，也会非常小心吧。所以在我看来，院方可以结合当地情况，告诉周围居民这里有保育所，并提醒其他司机小心驾驶，也能在一定程度上减少事故的发生吧。

不过如果涉及下面这个问题，我也不知道该如何解决。一些居民希望有一个安静的生活环境，如果附近建了保育所，之前的平静就会被打破，他们交的税金也浪费了。我非常能理解这种想法，噪声确实是一个问题。对于向往安静的人来说，小孩的确很“吵”。这一点我深有体会。天真无邪的孩子们精力充沛，他们不停跑闹、玩耍，跌倒了哇哇大哭，有时还要开运动会。高考前，我想在自己的房间里专心学习，却被两个小孩吵得受不了。但话说回来，我们也不能为了隔绝噪声，把幼儿园建得像堡垒一样，但这样又会限制保育所的位置。家长确实要为此事烦恼。

问题其实不止上述这些。在保育所担任保育员或老师也非常辛苦。不论是大型保育所，还是私人经营的小型保育所，如果遇上无理取闹的家长，就更不容易了。再加上无法预测的事故，即便社会上喜欢孩子的人有很多，考虑到上述因素，在职业选择时也会有所退缩吧。如此看来，想要彻底解决待机儿童问题确实很难。人与人之间存在戒心。我们不断寻求解决办法，但新的问题依然不断浮出水面。

◎ 摆脱“孕妇骚扰”

本章谈到了女性面临的种种困境。除了制度问题，当职场女性开始怀孕、生子、育儿，不得不请假或缩短工作时间，一些人也会以此为借口，对其进行言语、行为上的骚扰，甚至阻碍其晋升，将其辞退，这被称作“孕妇骚扰”[①]。这种现象非常普遍，以致人们要创造一个词去描述它。

谁都想休息。即使工作再怎么心仪，要是让你马不停蹄一直做下去，也有崩溃的一天吧。然而，有些人却将愤怒的矛头指向需要照顾孩子的同事身上，这种人还真是品行恶劣。说起来，人为什么要工作？当你思考这个问题时，脑海中最先浮现出的是什么？出于兴趣，还是想挑战自我？“钱”无疑是关键词之一。吃饭需要钱，培养爱好也需要钱。人们工作赚钱的目的各不相同，但“为了家人赚钱”，难道不是一种伟大的想法吗？

事实上，只有女性可以孕育后代，母亲必须要在孩子出生后的一段时间内照顾他。每个人

① 由“マタニティ”（maternity，孕妇）和“ハラスメント”（harassment，骚扰）两个词组成。指的是在职场或社会环境中，对孕妇或产后妇女进行不公平对待或骚扰的行为。

都是母亲怀胎十月孕育出来的，被母亲抚养长大。如果未来科技进步，男性或许也能怀孕。但就目前的情况来看，这还只是一种假设。时代不断发展，泡沫经济早已破灭。如果一个家依然只有丈夫工作，那么不少家庭将难以维持生计吧。和过去相比，越来越多的年轻人想去读大学，父母也会想尽一切办法供自己的孩子读书，这就要求他们必须努力工作。在这个少子高龄化的时代，孕育新生命是一件多么令人高兴的事。所以，如果有更多女性愿意一边工作一边育儿，我们应该全力支持她们。

不论人们如何畅想未来，比如要走在时代前列、要在东京举办奥运会，日本的职场环境依然是过去的样子。一些公司甚至将员工当成用完即弃的劳动力，这实在让人心寒。企业难道不更应该对时代发展保持敏锐吗？当然，尊重传统固然重要，但假如太过执着于过去的想法、做法，我认为也是不好的。想要得到男性（尤其是年长男性）的理解，是非常困难的。他们年轻时一心扑在工作上，或许根本不知道女性养育孩子需要付出什么。假如这种人成了你的上司，想要和他争出个所以然确实很难。但我们就该无动于衷吗？倘若整个公司都是如此，每一名员工都不敢迈出前进的一步，又该如何是好？社会就是由不同年龄段、不同价值观的人组成的。我相信所有人都明白这一点。

如果我自己经历了没有育儿假的时代，克服重重困难走到今天，那么为什么不能对其他人更宽容一些？对于我这种还没考虑结婚生子的人来说，能做的事或许只有一个——不断前进。假如有人耍滑头，仗着怀孕公然叫苦或者因为家里有孩子所以想方设法浑水摸鱼，我们自然可以对她表示愤怒。但如果这名女性依然能照常完成工作，我们为何不更宽容一些？在她的孩子出生时，在她需要陪伴在幼小的孩子身边时，更人性化一点，给予她更多关心与照顾。

职场妈妈们需要一边工作，一边兼顾怀孕、分娩、育儿。如果我们能为她们提供更多选择，做出更合理的安排，她们就能给公司带来更多价值。如今，我们更应该重视人与人之间的联系。

人们相互帮助，成为彼此的助力，这样的公司才是时代需要的。

庆本彩夏

◎ 引用、参考文献

①问题出在哪里？中央保育园搬迁问题 .（福冈市中央区今泉）http://fukuoka-hoikuen.com/iten/mondai/.

②周刊东洋经济 . 东洋经济新报社，2013-8-31.

③ anan. Magazine House，2014-12-3.

10

《女性活跃推进法》引发的思考
——为了不让其成为一纸空文

寺西瑞贵　大谷由贵

安倍晋三内阁将“女性活跃”作为增长战略的支柱。2015年9月实施的《关于女性职业生活活跃推进的法律》(简称《女性活跃推进法》)正是该战略的具体体现之一。然而，这一理念究竟会对职场女性产生怎样的影响？本章1、2节将从不同角度探讨该法律的优点及有待解决的问题。

1. 促进“女性活跃”的措施有什么

◎“女性绽放光彩先进企业表彰”

2015年9月,《女性活跃推进法》正式实施，在该法律的指导下，各企业纷纷做出响应。那么，这将会对企业及社会的发展产生怎样的影响？对于还要再工作几十年的我来说，这是一个不容忽视的问题。不过，只是通读法律条文，我还很难想象政府究竟期待什么样的企业形象以及如何具体执行。于是我进一步研究了这项法律，发现了以下内容。

据内阁府男女共同参画局[①]网站，“女性绽放光彩先进企业表彰”这一该奖项旨在为女性创造可以施展才华的职场环境，对“在制定提拔女性担任领导层、管理层的方针政策，积极推进、落实这项工作的实施，公开相关信息方面”取得显著成绩的企业进行表彰，为实现“女性可以绽放光彩的社会”作出贡献。

表彰的种类及获奖企业包括：①内阁总理大臣表彰成绩极其显著的企业；②内阁府特命担当大臣（男女共同参画）表彰成绩非常显著的企业。

① 负责规划协调日本男女职业性别平等和劳动保障措施，并将每年的职场性别调查、措施推进情况、保护成果、女性遭受暴力统计等内容编制成年度白皮书。——编者注

该表彰自 2014 年起实施。2015 年 1 月 9 日，安倍晋三出席了在总理大臣官邸举办的第一届表彰仪式。

在我看来，这些获奖企业采取的措施才是基于《女性活跃推进法》，可供其他企业效仿或者说应该被其他企业学习的。也是政府对《女性活跃推进法》的期待——即便法律条文再怎么理想，如果执行起来非常困难，对企业来说也是不现实的。第一回受表彰的企业其实在该法案正式出台前就已经采取了一系列措施。

那么，具体有哪些企业受到表彰？受到内阁总理大臣表彰的企业有：Seven & I Holdings、北都银行。受到内阁府特命担当大臣（男女共同参画）表彰的企业有：Calbee、资生堂、Zm'ken、日产汽车、LIXIL。在此之前，我以为只有知名的大型企业才会获奖，但事实并非如此。

◎ 女性管理层的比例

那么，获得内阁总理大臣表彰的企业具体

采取了哪些措施？

首先，我们来看看 Seven & I Holdings[①]。在受表彰企业的介绍中，有这样一段话："我们公司的用户多为女性，如果能进一步发挥女性员工的力量，将有助于提升用户满意度。"很多公司都在强调促进女性活跃，能为公司带来利益。Seven & I Holdings 不正是做到了这一点吗？女性员工可以利用自己的女性思维，听取用户声音、为用户考虑。

2012 年，该公司启动了"Seven & I"集团多元化推进项目，设定了 2015 年前实现的四个目标，分别是：①课长级以上女性管理层的比例达到 20%，系长级[②]以上女性管理层的比例达到 30%；②鼓励男性员工参与育儿；③提高员工满意度；④提高社会评价。事实上，截至 2014 年 2 月末，该公司课长级以上女性管理层的比例已达到 20%。我们总能看到"女性管理层比例达到 X%"的数值目标，当我知道原来真的有企业

① 由 Seven-Eleven Japan、Ito-Yokado 等公司合并成立的公司。
② 基层管理人，地位较课长低。

能完成这一目标时，让我对今后充满信心。

◎ 面对育儿问题

如果一个人想晋升到管理层，就必须连续工作一定年限。但如今，女性想要兼顾事业和育儿并不容易，往往也很难得到同事、上司的理解。为此，自 2012 年 7 月起，Seven & I Holdings 公司开展了名为“妈妈社区”的活动，为需要育儿的职场母亲搭建交流平台。活动报告写有这样一段话：“我们会利用午休时间，让女性员工探讨工作与生活的平衡点。在提高工作积极性的同时，缓解她们的不安情绪。此外，每次活动我们还会基于员工的育儿经验，站在消费者的角度，思考目前的产品存在哪些不足，并将这些想法运用到商品开发环节。”或许这家公司具有得天独厚的优势，但我希望其他以女性消费者为目标的企业也能开展类似的活动，为公司带来利益。

职场母亲想在工作中大显身手，自然少不了男性对家庭的付出。为此，该公司自 2013 年 10

月起启动了“育儿爸爸推进项目”，让需要带孩子的男性员工也参与进来。另外，自 2014 年 6 月起，该公司还邀请了 NPO 组织“Fathering Japan”[①]的法人举办讲座和研讨会，帮助男性员工重新审视男性的工作方式，提高他们的育儿积极性。

接下来，我们再看看同样获得内阁总理大臣表彰的北都银行都做了什么。

该银行在 2012 年公布了名为“Plan 30”的方针。公司高层表示，将在 2018 年 3 月 31 日前将女性管理层的比例提高至 30%。北都银行于 2011 年 4 月在企业内部设置托儿所“Hokkun Kids house”，2012 年 9 月成立女性支援团队“RiSE”，2014 年 2 月在企业内部开办面向女性员工的大学“Women's College”。为了能让年轻女性员工早日成为领导层、管理层，该银行还在 2014 年 4 月开展英语讲座“English College”，并在 2015 年 1 月面向男性管理层召开“育儿上司研讨会”。可以说，该银行在促进女性活跃方

①Fathering Japan，由日本父亲组成的 NPO。——编者注

面确实一步一个脚印。2014 年 7 月，北都银行还成立了“女性活跃推进室”，打造让女性员工施展才华的企业文化和职场环境。

在上述各项举措中，我最感兴趣的“Hokkun Kids house”和“育儿上司研讨会”。在银行内部设置托儿所，不仅可以让职场爸爸、职场妈妈们安心工作，还有助于创造“边工作边育儿本来就是一件很普通的事”的职场环境。“育儿上司研讨会”则是为了“提高管理身兼数职的员工的能力，改变男性管理层的现有观念”。我虽然是通过这个研讨会才知道“育儿上司”这个词的，但设想一下，假如上司对育儿的态度比较积极，不论他是男性还是女性，对于需要照顾孩子的下属来说，工作时都会比较轻松吧。如此一来，才有更多人愿意生第二、第三个孩子。

◎ 打破固有观念

上述两个企业都面向男性员工开展了一系列活动，这非常有意义。即便时至今日，日本“男主外、女主内”的观念依然根深蒂固。我认为，只有不断提高男性的育儿意识、改变他们的固有观念，才能逐步打造供女性施展才华的社会环境。

此外，想要从根本上改变人们的想法，还得依靠教育。我大学学的是理科，今后走上工作岗位，同事大多也是男性吧。说实话，我不确定日后工作环境是否理想，即便公司有相当完善的制度，可仅凭这些制度，真的能改变人们的想法吗?

2009 年 10 月，有机构收集当时的数据，统计不同专业的男女比例，给初高中阶段的女生在选择理科专业时提供参考。报告显示，理工科的男生占 82.8%、女生占 17.2%，理工科的女生比例远远低于其他专业。从行业类别上看，女性部长比例最低的行业是水产、农林业，其次是矿业、建筑业、机械业；女性部长比例最高的行业是服务业，其次是不动产业、金融业、保险业等。由此看来，女性员工多的地方女性部长也多，或者说这些行业更适合女性工作。

从学生时代起，人们一直强调“理科 = 男生”，这或许导致了如今的局面——女性很难在一些行业站稳脚跟。日本拥有世界一流的技术，女性在这些领域有所作为也非常重要。在世界竞争中，我相信女性给企业带来的成长空间是巨大的。在我看来，教育、行政、媒体应共同努力，打破日本现存的固有观念，改变人们心中的想法，才是最有效的女性活跃推进法案。

寺西瑞贵

2. 制定对所有女性友好的活跃推进法

◎ 只对“女强人”友好的法律?

我之前对《女性活跃推进法》只有个大致的印象，但在读完法律条文、看过各方专家的分析后，心中不免产生疑问：这部法律真的能造福女性吗？从表面上看，也就是说只看法律条文，它确实致力于改善女性待遇，我们或许可以期待女性未来有更轻松的工作环境。然而结合现实，这部法律真的符合所有女性的期望吗？

雨宫处凛[①]认为，《女性活跃推进法》只对“女强人”们友好，她们不仅工作努力，还能照顾好家庭。换言之，这部法律并不适用于努力求生的女性，甚至会让她们陷入贫困。这究竟是什么意思？我们先来看看人们热议的“女性管理层30%”目标以及与之相关的“配偶者控除”[②]制度。

◎“女性管理层30%”的目标

首先是“女性管理层30%”的目标，它让我们重新审视女性管理层的比例问题。内阁府男女共同参画局的资料显示，作为“日本再兴战略”的一部分，截至2020年，日本女性在社会各个领域担任管理层位的比例要达到30%。这一目标乍一看让人觉得眼前一亮，似乎确实在为女性着想。可在现实生活中，它却是一把双刃剑。

事实上，内阁府男女共同参画局此前还公

---

① 日本作家，关注日本贫富差距、贫困等问题，出版过《女性与贫困》等作品。

② 日文“控除”，即“扣除”。“配偶者控除”制度指的是：当纳税人配偶的年收入低于一定金额时，纳税人本人可申请减免一定额度的个税。

布过这样一组数据：2012 年，日本担任管理层的女性只有 11.6%，在世界范围内，这显然是一个比较低的数字。但与此同时，我们不能忽略另一个事实，那就是日本女性正式员工的比例本来就低。日本过去一直是“男主外、女主内”，一些女性根本没有拼命工作的意识，还有一些女性受旧思想的影响，觉得自己应该照顾家庭，却又不得不外出工作。虽然从结果上看，有更多女性出来工作，但女性成为正式员工的比例却明显低于男性。

此外，由于女性很多时候要做家务、照顾家庭，又加剧了上述不平衡。在这种情况下，国家还要求担任管理层的女性达到 30%，确实十分困难。换言之，“女性管理层 30%”这一目标对如今的女性来说，不但不是助力，反而是一种阻碍。因为企业可能为了提高女性管理层的数量，不问国籍录用“优秀”的女性。如此一来，日本女性不仅更难做到管理层，还要和其他国家的人竞争正式员工的名额，就可能进一步加剧日本女性的就业问题，甚至导致更多人只能与公司签订非正式合同或成为派遣员工。

无论政府多么希望担任管理层的女性达到30%，不优秀就没有意义。企业需要的是和男性一样，能为事业（社会）奉献自己的女性。政府也许会综合考虑国际就业等问题，但对于目前只能与公司签订非正式合同或作为派遣员工的大多数女性来说，这一目标或许完全没有积极意义。

◎“配偶者控除”制度

还有一个由此引发的问题希望得到大家的关注，那就是“配偶者控除”制度。2016 年的税制改革大纲中写道：“将认真探讨配偶者控除等各类控除政策及税率结构的整体重新评估。”如果未来需要纳税的劳动人口进一步减少，那么显然这种重新评估将很快提上日程。

内阁府指出，“配偶者控除”制度会降低女性的工作欲望。这种观点是否正确？结合目前的情况，我认为只能给出一个模糊的答案：有时确实如此，有时则不是。

事实上，真的有人为了避免年收入超过 103 万日元[①]，所以减少兼职，从这种意义上说，它的确阻碍了女性工作。但取消这项制度就能缓解女性工作问题吗？答案显然是否定的。换言之，从某些角度来看，正是因为有了“配偶者控除制度”，女性才能兼顾事业与家庭。打破年收入 103 万日元之壁并不意味着女性正式员工、管理层的比例有所增加。

◎ 并非要求女性男性化的《女性活跃推进法》

上文从女性管理层问题及重新审视“配偶者控除”制度两方面讨论了《女性活跃推进法》。通过分析，我不禁怀疑，这部法律与其说是为女性着想，不如说只是为了增加劳动人口，从女性身上找解决办法而已。如今依然有很多人坚持“男主外、女主内”的思想，如果在这种情况下贸然推行该法律，女性就会变得男性化，生育率

---

① 日本年收入超过 103 万日元开始征收所得税。如果应税收入低于 195 万日元，税率为 5%，每 1 万日元的税额约为 500 日元。——编者注

也会进一步降低。如此一来，在某些方面，女性与男性之间的差异就会淡化。我的观点或许有些极端，但《女性活跃推进法》只对男性化的女性有益，也就是雨宫处凛口中的“女强人”。而这样的女强人屈指可数。对于为生活奔波的女性非正式员工来说，她们又该如何平衡事业与生活，享受自己的人生？如果法律不考虑这些，只是打着“女性活跃”的幌子，那就只能是一纸空文。

大谷由贵

◎ 引用、参考文献

① 内阁府男女共同参画局．作为成长战略的女性活跃推进．http://www.gender.go.jp/kaigi/renkei/ikenkoukan/63/pdf/12.pdf；职场上的女性．http://www.gender.go.jp/about_danjo/whitepaper/h25/zentai/html/honpen/b1_s02_02.html. 女性绽放光彩先进企业表彰．http://www.gender.go.jp/policy/mieruka/company/hyosyo26.html.

②Seven & I Holdings. CSR. http://www.7andi.

com/csr/index.html.

③北都银行 . News Release. 平成二十七年 1 月 9 日 . http://www.hokutobank.co.jp/news/pdf/20150109.pdf.

④Calbee 有限公司 . 特辑 1. 社会 · 环境活动让食品更加安全、安心做正确的事 . http://www.calbee.co.jp/csr/feature1/.

⑤ 资生堂集团企业信息网站 . 多样性与包容性例行工作 CSR/ 环境 . https://corp.shiseido.com/jp/csr/labor/diversity.html.

⑥ 日产汽车有限公司 . global site. http://www.nissan-global.com/JP/.

⑦ 有限公司 LIXIL 集团 . 多样性与机会均等 . http://www.lixil.com/jp/sustainability/people/equal_opportunity.html.

⑧ 内阁府男女共同参画局 . 平成二十六年度女性绽放光彩先进企业表彰、表彰企业介绍 . https://www.gender.go.jp/policy/mieruka/company/hyosyo26.html.

⑨ 有限公司 Nord 社会环境研究所 . 关于女

初、高中生理科选择支援事业的既往调查数据收集工作报告书 . https://www.jst.go.jp/cpse/jyoshi/dl/sankou_pdf1.pdf.

⑩ 东洋经济 Online.“女性部长”多的企业在哪里？. http://toyokeizai.net/articles/-/30763?page=3.

⑪Diamond Online. 为什么女性管理层没有增加？离“30% 目标”越来越远的“日本雇佣惯例的疾患”. http://diamond.jp/articles/-/58617?page=3.

⑫News post seven. 雨宫处凛 . 女性要的并非光鲜，而是安心 . http://www.news-postseven.com/archives/20150114_297896.html.

11

重新审视女性的工作环境
——男女平等真的实现了吗？

堀场美咲

人们在呼吁促进女性发展时，首先需要解决的问题，或许是缩小男女之间薪资、雇佣形式的差别。当今社会，传统的性别分工意识依然根深蒂固，我们该如何改变这样的现状？本章将梳理女性就业时遇到的困难，重新思考男女工作环境的差距、歧视或者说传统的性别分工问题。

1. 女性的就业环境

◎ 不平等的雇佣形式

追求性别平等，不仅是消除性别歧视，更是维护人的尊严。纵观历史，很多劳动者、公民甚至会通过诉讼等形式来追求这份尊严。

然而时至今日，社会对女性劳动者的歧视依然体现在工作条件的方方面面：从退休制度、薪资，到招聘录用、岗位分配、职务权限、离职等。

事实上，过去只有《劳动基准法》第4条明确禁止在工作中出现性别歧视：“雇主不得以受雇者是女工为由，在工资方面规定与男工不同的待遇。”因此，人们要求国家制定相关法律，从招聘到离职都不能存在性别歧视。

在社会的强烈呼吁下，1985年日本出台了《男女雇佣机会均等法》。但该法律只规定企业有义务在招聘、录用、岗位分配、晋升环节力争做到男女平等。随后企业纷纷以“人才活用机制是不一样的”为由，采取了因人制宜的人事制度①，本质并没有消除性别歧视。这又引起了一些劳动者的不满，他们认为：“虽然乍一看，这些制度与做法保持性别上的中立，但明显有一方的利益

---

①日文“コース别人事制度”，指的是根据员工的部门、岗位、个人能力等，采取更为灵活的评价制度。

受到损害，属于间接歧视，也应该被禁止。”

与此同时，伴随《男女雇佣机会均等法》的实施，外界出现了另一种声音：既然男女平等，那么就应该废除劳动基准法中保护女性的规定。该法律出于对女性劳动者的保护，对女性深夜工作时间、加班时间做出了相关规定。此外，1985 年国家又以“为了能让女性和男性一样工作，有必要增加工作方式的多样性”为由，出台了《劳动者派遣法》。但在当时，女性主要做一些杂活。在这样的背景下，这部法律也导致女性劳动者离正式工作越来越远。

总务省统计局 2014 年的《劳动力调查》①显示，女性正式职员②、正式从业人员有 1019 万人，比上一年减少 8 万人。与之相对，非正式雇

① 在《劳动力调查》中，就业者（日文“就業者”）包括从业者和休业者，可细分为自营业主、家族从业者、雇佣者；从业者（日文“従業者”）指在调查周期内，从事任何有收入工作（至少 1 小时）的人；雇佣者（日文“雇佣者”）指受雇于公司、团体、政府部门或自营业主、个人家庭，获得工资、报酬的人。

② 职员（日文“職員”），通常指在政府、学校、公共团体等部门工作的人员。

佣者（包括兼职、打工、派遣员工）有1332万人，增加36万人。该调查还显示，有630万男性非正式雇佣者认为，他们之所以从事现在的工作，主要原因有两个：一是找不到正式工作，二是想在自己方便的时间工作。而在1332万女性非正式雇佣者中，一部分人“想在自己方便的时间工作”，另一部分人则是“为了补贴家用、赚学费”。从后项这一女性独有的理由也能看出男女分工不同：男性主要负责养家，女性主要负责做家务、照顾孩子。同样在1985年，政府要求“第三号被保险者”[①]加入国民养老金，或许也在一定程度上加剧了性别分工。

① 日本国民养老金的对象主要包括三类：第一类被保险者是自营业者、农民及其家人、学生、无业人员等；第二类被保险者为加入厚生养老金和共济养老金的参保人员，包括公务员、企业职员等；第三类被保险者为第二类被保险者的配偶，不必单独缴纳保险金。有观点指出，该制度是一种针对全职主妇的优待政策，没有充分考虑双职工家庭、单身职业女性等自己缴纳保险费者的利益，对母子家庭、单身女子家庭等生活较困难家庭缺少政策上的扶持。

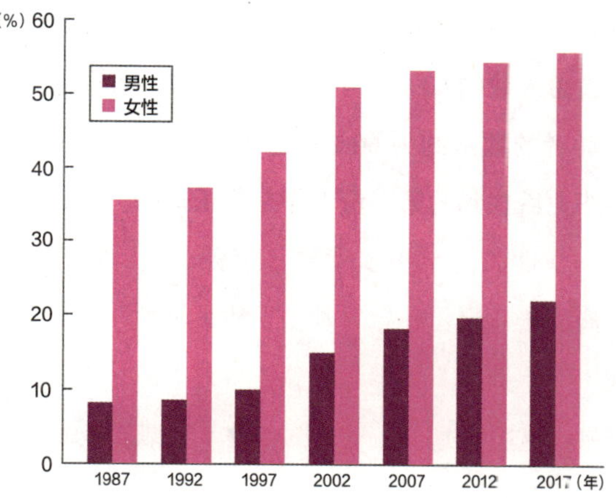

基于总务省统计局《劳动力调查》《就业结构基本调查》制作

图 1　雇佣者中非正式就业者的比例

◎ 女性与工作贫困层[①]

我们父母那一代人步入社会时，国家开始推行产假、育儿假制度。我儿时曾听母亲抱怨过："要是当时（怀孕时）不离职，我现在应该会工作得很充实吧。"如今，距离《男女雇佣机会均等法》颁布已过去 30 年，但在此期间，因

① 指虽然在努力工作，但依然在贫困线上挣扎的人。

妊娠、分娩离职的女性劳动者数量却没有减少，约占总人数的60%。与此同时，现在女性非正式劳动者的数量约为60%，还有约50%的女大学生毕业后找到的第一份工作是非正式的。

女性因为承担了大部分家务，或者由于怀孕离开工作岗位，导致她们无法和男性一样长时间工作。她们不得不忍受薪资待遇上的歧视，只能被迫选择普通岗、非正式工作。这就是女性需要面对的现实。

其结果就是，女性的收入只有男性的一半。国税厅2014年9月公布的《民间薪金实际情况调查》数据显示，男性的平均年收入为511万日元，而女性的平均年收入仅有272万日元。此外，约有45%的女性年收入不足200万日元，也就是所谓的“工作贫困层”。我们不难想到，社会默认男性赚钱养家，而没有将女性当成独当一面的劳动者。以家庭为单位设计的劳动法、社会保障制度的不完善，阻碍了女性独立，是导致女性贫困的原因之一。

对于我们这些经历过求职的女大学生来说，

在找工作的过程中，除了能感受到社会的残酷，还能发现我们可以申请的大多是普通岗。厚生劳动省《平成二十五年国民生活基础调查》显示，单亲母亲家庭的平均工作收入（这里的工作收入指国民生活基础调查统计的收入，包括雇佣者所得、营业所得、农耕、畜牧水产所得、家庭内劳动所得等）仅为 179 万日元，约 48% 的单亲母亲从事临时性工作或兼职。由于日本的最低时薪也很低，所以有工作的单亲母亲家庭的贫困率反而高于无工作的单亲母亲家庭。

2014 年，NHK《Close-up 现代》栏目播出了“女性贫困”特别报道，关注女性贫困这一现象。在节目中，我们能看到忙于照顾孩子的单亲母亲，也能看到想要尝试换正式工作，但由于工作时间、托儿所等问题最终又回到非正式工作的女性劳动者们。这也从一个侧面展示了女性被迫沦为“工作贫困层”的现实。

◎ 世界女性薪资水平

此外，相较于其他国家，日本单亲母亲的

贫困程度非常突出。2012年经济合作与发展组织（OECD）"Closing the Gender Gap: Act Now"数据显示，在有孩子的家庭中，日本的男女工资差距最大（61%），其次是韩国（46%）和爱沙尼亚（30%）。之所以会存在如此大的差异，是因为日本职场母亲：①不能加班；②找不到高薪工作；③很多人因为生育一度离职，之后重新找工作。由于OECD统计的是全职劳动者，我们不难想象，如果统计的是非全职劳动者，差距将会更大。

为了进一步探讨这个问题，我想比较各国兼职收入与全职收入的比例。日本为57%，欧洲国家为80%。美国的这项数据比日本更低，只有30%。为什么欧洲国家兼职劳动者的薪资水平很高？是因为他们确立了同工同酬原则。而日本、美国兼职劳动者无法拿到高薪，主要原因是存在最低时薪标准。

联合国经济、社会及文化权利委员会在其关于日本的报告中指出："对（日本）最低薪资平均水平低于最低生活水平（或生活保障水平）

及生活费（物价）不断上涨的情况表示担忧。”上述问题都关乎女性贫困，如果连这些都无法得到解决，又何谈“促进女性活跃”。

2. 合理利用女性技能、女性的贫困风险

◎ 发掘“高技能主妇”

2014年，NHK《Close-up现代》栏目播出了一期名为“发挥主妇的才能——高技能主妇拯救中小企业”的节目，节目聚焦新的雇佣形式，报道了被派遣的女性在中小企业做兼职的情形，其中，发掘“具有高技能主妇”让全职主妇们发挥自身所长这一点值得我们关注。自2013年以来，经济产业省中小企业厅全国中小企业团体中央会启动了“中小企业新战力发掘”项目，为中小企业与高技能主妇牵线搭桥，主妇们经过最长三个月的职场实习，即可投入工作，期间的费用由国家承担。

正如节目所介绍的，拥有各项技能的家庭主妇之所以没能再次就业，是因为她们找不到合

适的工作机会。一方面，社会渴望拥有特定资格证书的专业人员。另一方面，曾在企业从事普通岗的女性们却找不到与自己能力相匹配的工作。不过，企业如今积极采取行动，发掘想法新颖的人才，家庭主妇们也能借此机会一展所长。

女性一度中断工作回归家庭，想要重新步入社会，会遇到很多问题。比如她们会担心这些年自己只顾着做家务，还能像过去一样胜任工作吗？如果公司要求加班，又该如何平衡事业与家庭？家人会帮忙承担家务吗？帮助女性消除上述顾虑，帮她们逐步适应新职场的正是人才派遣（中间人）从业者。在人才派遣公司的帮助下，女性可以更加轻松地参与工作，也不会短时间内离职。这正是该行业迅速发展起来的原因。

◎ 就业之难——最贫困女子

然而并非所有女性都能像“高技能主妇”一样顺利找到工作。有的女性离职后成为家庭主妇，之后再凭借自己的实力重新找到工作。但与此同时，也有很多女性无法找到稳定的工作，过着艰难困苦的生活。这是一个十分严峻的问题。

铃木大介在《最贫困女子》一书中指出，社会上其实存在很多隐形的贫困女性。贫困不能简单和没有钱、贫穷画等号。风俗业可以说是女性特有的工作，很多时候，人们会认为从事这一相关工作的女性是自愿的，甚至指责她们。然而不少女性之所以进入这一行，其实是被逼无奈。她们面临种种困境：有的被社会抛弃了，有的存在智力障碍、发育障碍，有的缺乏活下去的动力。铃木将这些人称作最贫困女子。

铃木表示，最贫困女子往往处于“三无缘”状态，即缺乏与家人、制度、社会的联系。她们中的很多人要么患有“三障碍”，即精神障碍、发育障碍、智力障碍，要么在患病边缘徘徊。每个行业都有收入等级之分，我们不能说所有从事风俗业的女性都是最贫困的。但在这个行业里，能力决定了她所处的环境，比如是否善于社交。不具备这些能力的女性才被称为最贫困女子。书中还介绍了一位从事风俗业却有两个孩子的单身母亲。对她而言，负担似乎尤为沉重。然而正是因为有孩子，所以她的人生才有意义。和其他最贫困女子相比，她的工作方式似乎更具人情味。无论如何，我们在讨论女性就业问题时，也应该考虑到上述人群，制定更合理的制度，让她们也能获得就业上的支持和生活保障。

3. 从市场的角度看待女性就业率上升的好处

前文我们一直在探讨女性就业环境，那么接下来，不妨换一个角度，从市场的角度思考女性收入增加、生活质量提高会产生怎样的影响。三菱综合研究所主任研究员片冈敏彦给出了如下结论。

他认为，男性就业者的人数已经达到峰值，但女性就业者的人数有望继续增加。如果女性就业率上涨，那么收入（也就是购买力）也会随之增加。在所有获得收入的人群中，女性收入占全体收入的比例在2010年时增至四分之一（图2）。

在讨论女性消费时，我们还应该关注以下数据。在单身家庭中，30岁之前女性的可支配收入高于男性。这是由于女性受教育程度越来越高，很多女性大学毕业后能顺利找到工作。在过去的20年里，女性应届毕业生就业人数增长了一倍，与之相对，男性应届毕业生就业人数反而有所下降。女性收入的提高也得益于女大学生的普及。

基于国税厅《民间工资实际情况统计调查》制作

图2 在有工资收入者的工资总额中女性工资的比例

另一方面，在已婚家庭中，妻子常常掌握物品的购买权。在40%—60%的家庭中，甚至连丈夫使用的电器都是妻子决定购买的。此外，人们在说“吃软饭”[①]这个俚语时，指的基本都

① 日文“ヒモになる”，指虽然有能力但不去工作，而是靠女性养活的男性。

是男性。而“独揽家庭经济大权”①往往让人联想到管钱的女性。从这些方面也能看出，女性通常手握家庭的财权。

还有一个典型特征，就是比较相同年收入的男性和女性（单身家庭），后者的消费意愿更强。另外，据全国消费实际情况调查数据，女性在餐饮方面的支出低于男性，但交际支出较高。女性平时通常自己做饭或者自带便当，所以在餐

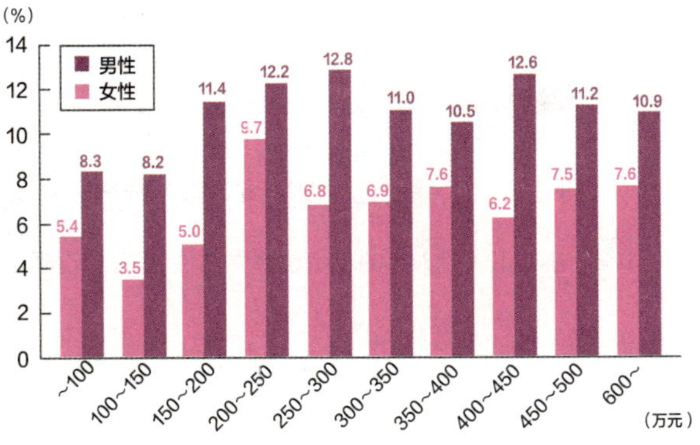

基于总务省统计局《全国缴费实际情况调查》（2014年）制作

图3　支出中交际费用的比例（按年收入划分、单身家庭）

① 日文“財布のヒモを握る”（抓住钱包的绳子），指掌管钱财。

饮方面支出较少。不过偶尔和朋友出去玩，也舍得花钱。这样的生活方式也体现在图 3 中。

片冈认为，之所以出现上述现象，主要原因有三个：①随着更多女性走入职场，女性群体的收入有所增加；②在家庭中，女性掌握购买权；③女性的消费意愿更强。可以说，女性身上潜藏着巨大的消费力。从市场的角度来看，女性就业率上升也能在一定程度上促进经济发展。

◎ 尾声

正如本文开篇提到的，《劳动基准法》第 4 条禁止薪资歧视："雇主不得以受雇者是女工为由，在工资方面规定与男工不同的待遇。"但在现实生活中，这项法律落实得并不彻底，性别歧视现象依然存在。另外，仍有不少人赞成"男性在外打拼，女性照顾家庭"的传统性别分工观念，其中也不乏年轻人。这或许体现了日本工作大环境的恶劣。然而，为了能够实现《男女共同参画社会基本法》的基本理念之一——男性、女性都能更加"体面地工作（有价值且更有人情味的工作)”，我们也必须改变传统的性别分工观念。这不仅是对雇主（经营者）的要求，也是对所有劳动者的要求。这种观念除了要深入职场，如果行政工作者、政治家能在教育领域及性别平等问题上，表现得比较积极，也会促进肩负国家未来使命的青少年们树立起“促进女性发展”的观念。教育的作用是巨大的。

◎ 引用、参考文献

①厚生劳动省 . 国民生活基础调查 . 2013.

②总务省统计局 HP. 劳动力调查 . http://www.stat.go.jp/data/roudou/index.html.

③ Diamond Online. 增加的职场女性，高消费意愿……关注女性市场的三个理由——三菱综合研究所主任研究员片冈敏彦 . http://diamond.jp/articles/-/32571.

④经济 . No.234. 新日本出版社，2015-3.

⑤铃木大介 . 最贫困女子 . 幻冬舍新书，2014.

第二次讨论

“肯定性行动”指的是什么？

参会人：冈部帆乃香、黑田美树、
斋藤夏乃、高室杏子
主持人：萱野稔人

安倍晋三政权的主要政策之一——《女性活跃推进法》，要求企业制订促进女性发展的计划并落实行动。这项方针的关键在于“肯定性行动”，即采取积极的优待措施，缩小社会差距、减少歧视。其意义何在？又存在哪些问题？我们一边讨论一边思考。

1. 你想成为管理层吗？

萱野　作为安倍政权的主要政策之一，2015

年9月，国家出台《女性活跃推进法》，安倍也提出了“截至2020年，要将女性在社会各个领域担任管理层的比例至少提高到30%”的目标。《女性活跃推进法》的出台正是为了实现这一目标。

日本面临严重的少子化、老龄化问题，随着劳动人口（即适龄范围内具有劳动能力的人）的减少，能够缴纳税金的人自然也会减少。但与此同时，老年人数量的增加又要求国家支出更多社会保障费用。为了减轻财政负担，政府希望增加就业人口，创造（由于部分女性不工作）更适合女性工作的社会环境。

为了缩小差距，政府针对女性采取了一系列被称为“配额制”①或“肯定性行动”②的优待措

① 日文“クオータ制”（quota system），即配额制。多用于减少性别歧视、促进女性发展等方面，如增加女性议员、女性管理层的人数等。

② 日文“アファーマティブ・アクション”（affirmative action），即肯定性行动，又称优惠性差别待遇、积极平权等。原本指防止对“肤色、宗教、性别或民族出身”等少数群体或弱势群体歧视的一种手段，将这些群体给予优待来消除歧视，从而达到平等。在日本，这个词主要指对女性劳动者采取优待措施，如减少招聘、岗位分配、晋升、待遇等方面的性别歧视。

施。这些举措在实际生活中究竟能发挥多大作用？今天我们就来讨论一下。首先问大家一个问题，你想成为管理层吗？

冈部 如果有机会，我想试试。因为听上去很有意思。人们不是常说“职业规划”（career planning）这个词吗？这里的“职业”不仅指工作，还包括人生。如果今后有机会让自己更上一个台阶，我愿意尝试。

高室 在我看来，如果成为管理层，也能为共事的伙伴营造兼顾事业和生活的工作环境吧？从这个角度来说，女性成为管理层也是有积极意义的。不仅能让自己的事业更进一步，还能给他人的职业发展带来积极影响。不过我现在还不知道，自己是否具备这样的能力。

黑田 如果能成为管理层，我的工作一定有相应的价值吧。但如果我结婚了，我的想法或许会发生改变。就目前的情况来说，我确实想一直工作下去，假如能走上管理层，也能为实现男女平等尽一份力。可一旦有了孩子，如果母亲不在家，孩子会感到孤单吧？我自己也想多陪陪孩子。到了那个时候，我可能会考虑中断工作。

萱野 如果能兼顾事业和家庭，你也会考虑晋升，成为管理层？

黑田 是的。毕竟工资也会更高。

斋藤 如果有机会，我想成为管理层。我之所以选择毕业后回老家静冈，也是因为想结婚后住在滨松[1]。如果先在东京工作，婚后再回滨松，就得重新找工作。所以不如一开始就在滨松扎根，一步一个脚印，慢慢发展自己的事业。

2. 有必要设定数值目标吗？

萱野 在座的各位看来都想成为管理层。但就目前的情况来看，日本女性管理层的比例其实很低。虽然距《男女雇佣机会均等法》的实施已过去 30 年，但日本女性管理层的比例只有 7.5%。另外，如今依然有约半数的女性劳动者从事非正式雇佣的工作，也有很多女性因分娩、

① 滨松市，日本静冈县下辖市，位于静冈县西部。

育儿选择离职。这与“男性拼命工作，女性专职顾家”的模式深入人心密不可分，但如果不做出改变，女性管理层的比例就不会增加。在此，我想问大家第二个问题：你认为是否应该像政府做的那样，为提高女性管理层的比例，设定数值目标?

黑田　我认为设定目标比较好。

高室　但我觉得也不能强行拉高比例。因为有人想把更多精力留给家人，有人不愿意一心扑在工作上。为了实现这个目标，强行把人拉到管理层上，让她努力工作，这是不对的。

黑田　我认为应该设定目标。不过管理层的责任更重，不可避免要比其他人付出更多的时间和精力。所以也不是一件简单的事。

萱野　因为一旦走上管理层，当工作中出现人手不足或者无法按时完成任务的情况，你就要出来解决问题。

冈部　我认为比较理想的做法是建立一种平衡，不是用0或者100来衡量，而是我做这些、你做那些。如果一开始就觉得“管理层必须收拾残局”或者“只有这样才能兼顾事业、婚姻和生活”，那一定会感到痛苦。日本一直主张“男主外、女主内”，但这种观念已经不符合时代的要求了，必须做出改变。改变会伴随痛苦，可如果能克服这些困难，迎接我们的不是一个可以实现自己人生规划的未来吗？

3. 只有男性才值得信任？

萱野　如果设定数值目标，就意味着要朝着这样的社会前进。

那么接下来，我们再从一个稍微不同的角度思考这个问题。在我看来，增加女性管理层的前提，是必须有相当多的女性有晋升意愿。然而事实上，有调查显示，想走上管理层的女性占比并不高。假如想成为管理层的女性人数低于数值目标，那么我们还有必要设定数值目标吗？

高室　一提到管理层，大家总会先入为主地联想到“责任重大”。我认为这也在一定程度上打消了女性的积极性。所以改变人们对管理层的印象很重要。

斋藤　我觉得即便女性管理层的人数增加了，想要打破男性才是主导的局面也很难。我之前在一家保险公司实习过，那里的管理层大多是男性。虽然也有女性，但相对比较少，而且一旦在支付环节出了问题，客户就会说“换个男的来”或者说“女人不懂吧”。如果人们潜意识里认为只有男性才值得信任，那又该如何消除这种刻板印象呢?

冈部　越是年龄大的人，这种观念越强烈。因为过去就是这种文化。至于该如何改变，我想大概还是要靠我们这代人吧。

萱野　也就是说，即便有客户抱怨“为什么负责人是女性啊”，我们还是应该坚持做出改变，让更多女性走上管理层。

冈部　是的。我之前听说，一些在男女混校读书的女生会出于性别原因，认为自己应该少说话，不能表现得太张扬。这让我觉得很惊讶。当然，也有相反的情况，比如一些女生认为男生就应该请她吃饭。

萱野 如果做不到男女平等，就很难缩小性别差距，是这个意思吧。

冈部 我认为这需要所有人做出改变，不论男女。

萱野 日本一直以来都有这个传统，女性很少走上管理层，加上女性员工的数量本来就少，而且很多女性在结婚、生育后选择离职。结合这一现状，即便国家想增加女性管理层的人数，也没那么多人才。那么，我们是否要强行拉高比例呢？

冈部 倒也不必吧。如果能力不匹配，也不是非选不可。

萱野 但这样一来，设定数值目标不就没有意义了吗？

冈部 虽然我对安倍政权提出的要在2020年前实现女性管理层30%的目标持怀疑态度，但设定目标本身是有意义的。

萱野 设定数值目标，是为了实现这个数字，为此人们要不断努力。假如在一个女性比较少的工作环境，男性员工更优秀，那么我们是否要优先考虑数值目标，让女性成为管理层？这正是本次讨论的重点。

高室 如果本人不愿意，我觉得就不能强迫她。但如果本人想挑战，又何尝不可？在我看来，一些问题只有当她走上管理层才会显现出来，比如想把工作和生活分开其实很难。如果能站在管理层的角度，向整个公司、整个社会传达自己的声音与想法，那么日本的工作环境也会有所改变吧。

萱野 所谓“地位塑造人”。虽然此前成为管理层的女性不多，范本也比较少，但不妨先赋予她们权力与责任，看看效果如何。这或许是设定数值目标的益处。那么大家是如何看待益处与弊端的呢？

斋藤 我认为应该先考虑益处。毕竟放眼全世界，如果日本的女性管理层比例一直很低，也会影响综合国力吧。

冈部 一个人有工作，就意味着她的人生有了支撑。因此，我希望能给女性更多机会，让她知道别人其实对她抱以期待，原来自己也可以拥有这样的人生。

黑田 在我看来，设定数值目标，或许可以改变整个社会的意识和氛围。不仅如此，我们更要抓住教育环节，在学生走入职场之前，改变他们的一些想法。我希望有更多人可以知道，规划自己的职业是一件多么有趣的事。

4. 如果别人说你“反向歧视”，你会如何反驳？

萱野 看来大家对优待女性的措施，都是持肯定态度的。那么假如有男性员工对你说，设定女性管理层的数值目标是一种“反向歧视”，你会如何反驳？

高室 这确实很难。如果真的出现这种情况，我会反问他：“假如你成为管理层，你想做什么？”然后履行管理层的职责，帮他实现愿望。这或许算不上反驳吧，但也是一个很好的机会，让更多人思考管理层需要做什么。

冈部 不过我不想因为自己是女性而被推上管理层，而是希望别人愿意把工作交给我。

萱野　当然，这是最理想的状态。但只要推行女性优待措施，就意味着存在“因为是女性，所以选她”的情况。假如你是社长，你会如何说服男性员工？

斋藤　我只能说，男性占主导的现状存在一些问题，我想改变这种现状。

黑田　只能从“想要培养女性”这个角度出发吧。

高室　很少有公司的客户全是男性或者全是女性吧。如果从这一点出发，假如公司的决策只反映男性的意见，真的能满足客户的需求吗？换言之，如果管理层既有男性也有女性，不是更能为客户着想吗？我大概会这么说吧。

冈部　担任管理层需要一定的工作年限。所以虽然现在的女性管理层还不多，但等我们这代人成长起来，情况也会有所改变吧？

萱野　如果现在对女性实施优待措施，今后会出现越来越多优秀的女性榜样。可实现这个目标需要一个过程。然而在这个过程中，一些男性恰好因为过渡性措施耽误了晋升，为此蒙受损失。这也是无可奈何的，是吗？

斋藤 事实上，生不逢时的情况很多吧。

萱野 就比如2008年美国雷曼兄弟公司破产后，学生找工作真的很难。只是出生年份稍有不同，外界环境就发生了翻天覆地的变化。再具体一点，想一想泡沫经济时期工作的人们，情况也和现在完全不同。

高室 时代在变化，过去的也就过去了。谁也没办法。

萱野 这是运气的问题，谁也改变不了。我觉得从这个角度出发，也有一定说服力。毕竟有人升职快是因为他恰好和客户关系好。有人只是因为出生在东京，就比其他人机会多。这样的事太多了。如果从运气或者时代发展的角度来看，在推行女性优待措施的时代，恰巧身为女性，其实是一件非常重要的事。

斋藤 所以时代要求更多女性成为管理层。而且我认为身边有榜样很重要。来到津田塾大学后，我见到了很多努力工作、让人敬佩的女性老师，也促使我想要成为她们那样的人。在我拜访的毕业生中，更有不少让人向往的女性前辈。如果身边有这样的榜样，我认为将关系到一个人的人生抉择。

5. 女子大学的意义何在？

萱野　津田塾大学是一所女子大学，那么大家如何看待接下来这个案例？

2014 年，一名住在福冈县的男子向福冈女子大学提出申请，希望能去该大学面向成年人开设的食品与健康专业读书。这名男子立志成为一名营养师，但他所在的福冈县只有福冈女子大学一所公立大学开设了相关课程，可以考取营养师资格证。据他本人介绍，由于经济原因，他必须选择公立大学，不然只能放弃。而福冈女子大学却以只招女生为由，拒绝了他。于是这名男子向福冈地方法院起诉，认为该大学违反《宪法》第 14 条“法律面前人人平等”的原则，属于违宪行为。

从某种意义上说，设立女子大学也是对女

性的优待。换言之，成立女校可以给那些在接受高等教育方面严重受限的女性提供教育机会。但如今，男女考上大学（包括短期大学在内）的比例几乎相同。这就引发大家的思考：福冈女子大学的这种做法是不是反而限制了男性的权利？

高室 但另一方面，如果存在例外，女子大学就会失去其本身的意义吧。

萱野 从宪法的角度出发，大家又是怎么想的？

黑田 这么看的话，确实属于违宪行为。

斋藤 我也认为违宪。

萱野 顺便补充一句，其实很多人认为女子大学本来就是违宪的。不过关注这个问题的基本都是宪法学者，现实生活中很少有人会提起诉讼。而在刚才的案例中，明显有人利益受损。

高室 这名男子因为入学限制，无法获得营养师资格，蒙受了相当大的损失。

萱野 他想获得营养师资格，申请了原本不应该存在性别限制的专业，却以失败告终。这明显是一种利益受损。而且在本案中，他想考取的是女性比例较多的营养师。这一领域只招收女性，这又真的合理吗？

斋藤 我认为津田塾大学的存在是有意义的。一方面，可以帮助更多女性在步入社会后选择成为管理层；另一方面，也能让更多女性在男性多的行业展示自己的能力。

萱野 确实。不过这属于“虽然违宪，但有意义”吧。违背了“法律面前人人平等”的原则。

斋藤 在福冈女子大学的案例中，我认为最大的问题在于：只有这一所公立大学开设了相关课程。

高室 这就不是讨论女子大学的意义了吧，属于另外一个问题。

斋藤 为什么只有女子大学可以开设营养师相关的专业？

萱野 或许原因在于这个职业原本更适合女性，所以才会在女子大学开设相关课程，鼓励女性走入社会。不过话说回来，如今男女在教育方面的差异越来越小。

冈部 我们现在其实在讨论两个问题：一是

只有那所大学可以考取营养师资格证，二是设立只招收女生的学校是否合理。在资格问题上，我认为如果有男性想成为营养师，也应该接收他。

萱野 那么结合女子大学存在违宪争议、其社会意义也在不断弱化的情况，我们是否应该考虑取消女子大学？

冈部 这又回到女子大学的问题上了，在我看来，让女性聚集在一起读书是有意义的。比如小组活动时，全是女生的组和男女混合的组做出来的东西是不一样的。两者都有意义。

萱野 如果小组内都是女性，那么掌握主动权的也一定是女性。女性能在这样的环境里得到锻炼，这很重要。从这个意义上说，女子大学依然发挥着作用。

冈部 大多时候，人们完成一件工作，都是男女配合，只有女性的情况比较少。我认为在一个全是女性的小组，不仅能学到东西，心情也比较放松。

萱野 如果小组中有男有女，可能出现男性主导一切、女性被边缘化的情况，因为现实生活中性别差异依然存在。但在女子大学，女性可以掌握主动权、更加不受干扰地学习。不管怎么说，在如今这个时代，我们都需要重新思考女子大学存在的意义了。

后　记

本书之所以能顺利出版，必须要感谢东京书籍的藤田六郎先生和作家香月孝史先生。

首先，藤田六郎先生负责本书的编辑工作。

无论“女子力”这一概念多么博人眼球，也很少有编辑愿意打破传统思维，将连期末报告都写不好的学生们的思考出版成书。

但藤田先生却欣然接受了本书的编辑工作。不仅如此，他还反复推敲，费心费力将学生们的文章整理成书，为本书的顺利出版作出了巨大贡献。

正如我在序言中提到的，关于“女子力”的讨论与思考是在2014年的萱野研讨课上。如今已过去四年。在此期间，藤田先生一直非常耐心地编辑我们的讨论稿，也给了我很多宝贵的建议。

如今想来，我要对他表示由衷的感谢。这项工作无疑是辛苦的，需要极大的耐心。如果没有藤田先生的帮助，本书也不能与各位读者见面。我再次衷心感谢他。

其次，作家香月孝史先生不仅仔细检查了学生们的原稿，还就如何改进提出了具体的指导意见。这些意见总是一针见血，我也颇受启发。学生们的原稿之所以能成为出版物，都是多亏了香月先生的帮助。

在我看来，香月先生的工作也需要极大的耐心。他全程认真负责，一丝不苟。在此我也对他表示由衷的感谢。

不过，无论藤田先生和香月先生为本书的出版提供了多么不可或缺的帮助，为本书内容负责的依然是作为编者同时也是研讨课指导教师的我。读者如有严苛意见，我虚心接受。

最后，负责撰写文章的学生们也在本书的出版过程中付出了巨大的努力。这些学生如今已大学毕业，步入社会。虽然编者感谢作者或许不太合适，但她们能坚持不懈和我一起完成这项进展缓慢的工作，我还是要对她们表示由衷的感谢。

萱野稔人

2018 年 7 月

图书在版编目（CIP）数据

女子力 ： 当代日本女性生活意见实录 / （日） 萱野稔人主编 ； 王雯婷译. -- 银川 ： 宁夏人民出版社, 2025. 4. -- ISBN 978-7-227-08090-9

Ⅰ. D731.386.8

中国国家版本馆CIP数据核字第2025GL0529号

女子力：当代日本女性生活意见实录

[日]萱野稔人　主编　王雯婷　译

策　　划　读蜜文化
策 划 人　金马洛
出版统筹　孙　佳
责任编辑　闫金萍
责任校对　赵　亮
策划编辑　孙　佳
特约编辑　维　维
排版制作　读蜜工作室 · 思颖
装帧设计　刘志华
责任印制　侯　俊

出版发行　黄河出版传媒集团 宁夏人民出版社
出 版 人　薛文斌
地　　址　宁夏银川市北京东路 139 号出版大厦（750001）
网　　址　http://www.yrpubm.com
网上书店　http://www.hh-book.com
电子信箱　nxrmcbs@126.com
邮购电话　13621013468　0951-5052106
经　　销　全国新华书店
印刷装订　北京兰星球彩色印刷有限公司
印刷委托书号（宁）0031469

开　　本　889 mm × 1194 mm　1/48
印　　张　5.75
字　　数　100 千字
版　　次　2025 年 4 月第 1 版
印　　次　2025 年 4 月第 1 次印刷
书　　号　ISBN　978-7-227-08090-9
定　　价　49.80 元

读一页书　舔一口蜜

（日）萱野稔人 主编

女子力：当代日本女性生活意见实录

策　　划：读蜜文化
策 划 人：金马洛
出版统筹：孙　佳
策划编辑：孙　圭
特约编辑：维　维
装帧设计：刘志华

读蜜订阅号

读蜜视频号